ディスレクシアの素顔

LD状態は改善できる

教育・心理カウンセラー
玉永公子

論創社

目次

ディスレクシアをさらに理解するために

ディスレクシアの素顔——ＬＤ状態は改善できる

プロローグ

　私は、前著『ＬＤラベルを貼らないで！』（論創社、二〇〇〇年）の中でアメリカ連邦政府が示したＬＤの定義を紹介した。ＬＤの定義については、それが発表されて以来、論争が絶えない状況である。その論争点については拙著でも説明を試みた。

　ＬＤとはLearning Disabilitiesの頭文字で、日本語では「学習障害」と訳されている。その定義の中では「ＬＤという用語にはディスレクシアの状態を含む」と述べられているが、本を出版した後で、この「ディスレクシア」というのがどういう状態を指すのかよくわからないという声をしばしば耳にした。それで、ＬＤのことをよく理解してもらうためにはディスレクシアという言葉についてもっと詳しく触れる必要があると感じた。

　ディスレクシア（Dyslexia）は、読字や言語スキルに問題がある状態をいい、アメリカのＬＤ人口の八〇～八五％を占めている。そもそもは、知的な遅れはないのに、易しい単語の発音ができない、文章表現がぎこちない、左右反対の文字を書くなどの子供たちを観察した医者が、そういう状態を呼ぶのに用いた言葉である。しかし、一九六〇年代に「LD」という言葉がイリノイ大学のサミュエル・カーク博士によって提案されて以来、ディスレクシアという呼び名はLD用語に包括された。したがって、ディスレクシアとは言語に関するLDであると捉えることができる。LD人口の八〇～八五％が言語に問題をもつアメリカでは、ディスレクシアとLDは、ほとんど同じ意味で使われている。よって、ディスレクシア状態を詳細に知ることは、LD概念の明確な把握に役立つはずである。

では、実際にディスレクシア状態にある人々はどのような困難を経験し、どのような人生を過ごすのだろうか。ディスレクシアを克服し現在社会で活躍している人々や、ディスレクシア状態があった偉人たちのケースを知ることで、私たちはよりディスレクシアに対する理解が深まるのではないだろうか。

本書では、「自分はディスレクシアだ」と言った、私の友人のスーザン・レイラ（仮名）、学生時代にディスレクシアと闘い、その体験を書いたジェイムス・バウアー、普通学校のスペシャル・デイ・クラスで学んだ知人の息子たちのケースを紹介したいと思う。また、アメリカの首都ワシントンに住む作家、トーマス・ウェストの著書『In the Mind's Eye（知性の目で）』から、さまざまな偉人たちの例を紹介する。トーマス・ウェストは、視覚表象化リサーチ協会の設立者で、国際ディスレクシア・リサーチ財団のメンバーであるが、コンピューター・システムやエネルギー・リサーチに関する会社の経営者であり、関連会社の顧問をする企業人でもある。

さらに、サンディー・エッツラインという人が書いた子供向けのディスレクシア・テキストに書かれてある見解も紹介する。この小冊子は、ディスレクシアの子供たちが自分が置かれている状態を理解するのを手助けしてくれる貴重な本である。この本でも偉人たちの例をいくつか取り上げているが、それはLDだったと言われているアインシュタインやエジソンが、どのような状態だったのかをより詳しく教えてくれた。

アインシュタインやエジソンの子供時代については、クラスの授業についていけず、自分勝手なことばかりして先生や生徒たちから嫌われ、落ちこぼれの烙印とともに学校嫌いになっていったというようなことが知られているものの、学習それ自体の「できなさ」についてはよく知られていなかった。彼らは何ができなかったのか？　ただ行為に問題があっただけではないのかと言う人もいた。しかし、サンディー・エッツラインが執筆した『A Primer on Dyslexia（ディスレクシアの初歩読本）』という小冊子にその回答があった。

エッツラインはディスレクシアであった偉大な人々として、発明家のトーマス・エジソン、世界中にその名を知られている科学者のアルバート・アインシュタイン、第二次世界大戦中、アメリカ陸軍の四つ星将軍だったジョージ・パットン、アメリカの副大統領だったネルソン・ロックフェラー、童話作家のハンス・クリスチャン・アンデルセンなどを紹介している。

彼らにはみな読字や言語スキルに関しての学習困難があったという。にもかかわらず、アインシュタインの名はこんにち非常に優秀な人を形容するときに使われるし、ロックフェラーは国家にとって重要な何百ものスピーチを残したし、アンデルセンは『みにくいアヒルの子』をはじめとする多くの素晴らしい童話を子供たちに贈った。エジソンは電気や蓄音機を発明し、パットン将軍の感動的な生涯は映画になった。彼らの一生は、ディスレクシアの奥には尋常ならぬ能力があることを教えているように思う。

『A Primer on Dyslexia』が刊行されたのは一九七九年、今から二六年前になる。エッラインがこれを書いた背景には、自分の二人の息子がディスレクシア状態にあるという厳しい現実があった。はじめは自分の書いたものを出版することなどまったく考えていなかったが、周りの要望もあり自然にそういう形に発展していったのだそうだ。

当時はアメリカでもまだディスレクシアについての文献は少なく、ましてやディスレクシアに言及している子供向けの本はほとんどなかった。あったとしても、それは極めて曖味な内容であったという。ある日、ディスレクシアの子供を持つ母親たちが集まって関連文献のリストを作っていた。そのとき一人の母親が、ディスレクシアのことを子供たちに読んで聞かせるのに適した本はないものかと発言した。そこで彼女たちは、文献の中から子供に読み聞かせてもわかると思えるような本を探してみたが、見つからなかった。

自分の子供とディスレクシアについて話し合うことが、いかに必要であるかを考え続けていた親たちは、古い格言にある「正直であることが最良の方法」は真実であることに気づいた。しかし、ディスレクシアの子供を持つすべての家族が容易に「正直であること」を受け入れられるかどうかは別問題であった。一方で、ディスレクシアという事実を伏せて親が自分の手で我が子を世間から守ろうとすれば、子供たちの将来にさらに多くの困難が待ち受けることになるのは明らかであった。

多くのディスレクシアの子供たちは、「自分は頭が悪い」と思わされるような言葉や態度を浴びせられて育っていた。周囲の人々のそういった視線を知りながらディスレクシアのことを話し合うことは、子供たちをとても不愉快にさせる。ともすると、そうすることでかえって子供たちを何かしら束縛してしまうような気さえする。しかし、現実から逃げても何も解決しないことを皆が感じていたのである。

子供にディスレクシアとは何かを理解させたいという親たちの強い要望を受けて、エッラインは子供たちが読んで理解できるように原稿を書いた。それが『A Primer on Dyslexia』と題されて小冊子になったのである。エッラインはマックという名のディスレクシア状態の少年を登場させ、彼にディスレクシアについて語らせた。それは大人が読んでもたいへん役立つテキストになった。

この本のことを教えてくれたのは、先にも挙げた私の友人で、ドキュメンタリー・フィルムを作っているスーザン・レイラである。あるときスーザンが、じつは自分はディスレクシアで、若干ADD（Attention Deficit Disorder＝注意力散漫）なんだと、ふと漏らしたので、私は驚いて「どこが？」と聞き返した。何事にも積極的できびきびと仕事をこなすスーザンがディスレクシアとはとても思えなかった。すると彼女は、自分が受けた教育の資料を書棚から全部引っぱり出して状態を説明してくれた。その資料の中にこの小冊子を見つけたのである。

私はそれを借りて一気に読み、エッラインのこの見解はもっと世に知られるべきだと強く思った。現在では絶版になっているが、この素晴らしい内容をまだ読んでいない人に教えてあげたいという思いが日増しに募った。しかし、これを公に紹介するには作者の許可が必要である。そこで、冊子の後記にあったエッラインの住所を見てメリーランド州に手紙を出した。

　手紙は、宛名の人はそこにはいないという理由ですぐに戻ってきた。電話番号もすでに古いらしく、使われていないという自動応答の返事。そこで今度は、同じく後記にあったジェミシー・スクールという、当時エッツラインの子供たちが学んでいた学校に手紙を書いた。またもや返事は来ず、電話番号も古くて通じない。思案しながら411の電話番号案内に問い合わせた。そして、メリーランド州オーイングミル市にあるはずのジェミシー・スクールの電話番号を聞いた。今度は連絡はついたが、エッツラインはアリゾナ州に転居しており、住所はわからないと言う。しかし、オートン・ソサエティーに聞けばわかるはずだと、そこの電話番号を教えてくれた。オートン・ソサエティーは国際ディスレクシア協会と名称を変えていたが、ここでやっとエッツラインの新しい住所がわかった。そして教えてもらった住所に手紙を出したが、待てど暮らせど返事はなかった。

　またもや戻ってくる予感がして（実際に戻ってきた）、私は再び411の案内を利用した。そしてアリゾナ州のサンディー・エッツラインの電話番号を尋ねた。普通は住所が明確でないと調べてくれないものだけれど、私の真剣さに押されてか、オペレーターは名前だけでサンディー・エッツラインの電話番号を見つけてくれた。その番号に電話をするとファックスだった。それで私は事情を説明する文章を書き、この番号の持ち主が私の探す『A

Primer on Dyslexia』の著者サンディー・エッラインであることを祈っています、お返事をくださいい、とファックスを送った。自分のメール・アドレスも付記しておいた。そして翌日、コンピューターを開けると、「そうです。私が作者のサンディーです」と返事が入っていた。どんなに嬉しかったことだろう。

二、三回のメール交換の後、エッラインは私の意図を理解してくれ、私が彼女の小冊子の内容を紹介することを許可してくれた。そのとき、小冊子に出てくるマックについて、「マックは私の息子たちと彼らの友人たちのキャラクターをミックスして構成しました。私の息子は二人ともディスレクシアです。ディスレクシアは麻疹《はしか》のようなものではありません。治癒するものではないのです。いかにそれに対処するかを学ぶのみです。治療する（cure）のではなく、それに対処する（cope）方法があるということです」というコメントをくれた。

本書では、まず最初にこのサンディー・エッラインの小冊子の内容から紹介していきたいと思う。

ディスレクシアとは何か

少年マックが語るディスレクシア

ハイ！　僕の名はマックだよ。僕はディスレクシアなんだ。

初めてディスレクシアという言葉を聞いたとき、僕はそれを発音することすらできなかったよ。僕の両親、学校の先生、そして兄さんたちはディスレクシアが何であるか、僕がわかるように教えてくれたんだ。感謝してるよ。僕はディスレクシアのことを知るまで、自分のことを「学ぶのが遅い子」あるいは「頭が悪い子」なのではないかと思っていた。教室で先生が僕を指名して、大きな声で朗読をするように言ったとき、いつでも僕はどぎまぎしていた。文字がごちゃごちゃしたり、逆さになったりして僕の目に飛び込んできたんだ。そんなとき、みんなは僕の間違いを笑っていたと思う。

子供たちにそういうことが起きるとき、それは「愚かである」とか「学ぶことができない」ということとは違うんだ。

サンディー・エッツラインが書いた『A Primer on Dyslexia（ディスレクシアの初歩読本）』はこのような書き出しで始まっている。その小冊子が、世の中の人々が最も誤解している状況、つまりLD状態の人たちが「のろい（スロー）、頭が悪い、愚かである、学べない」と思われていることの否定から始めていることは当を得ている。これはディスレクシア（Dyslexia＝読字困難）状態を理解する第一歩である。LD（Learning Disabilities）とは学習困難状態を概括していう用語であるが、学業に遅れたりつまずいたりすると「知的に問題がある、頭が悪い」と直行してしまうのは正しくないということを明示している。

僕たちはディスレクシアと呼ばれる特別な問題を持っていると聞いた。それはdĭs－lĕk－sĭ－aと発音するらしい。このことを研究したり専門に仕事をしている偉い人々は、ディスレクシアの起きる原因にコンセンサス（合意）を持ってさえいない。こういうことでは僕たちの助けにならないどころか、多くの混乱を招くだけだと思う。そこで僕はみんなにディスレクシアのことを教えようと決心したんだ。

身体的に僕たちは他の誰とも違いはない。ディスレクシアは身体的なハンディキャップではない。僕たちは他の子供たちとどんな違いもないんだ。一列に並んだ子供たちの中からディスレクシアの子供を見つけだすことはできないよ。

驚いた？　僕が「ハンディキャップ」という言葉を使ったことを！　ハンディキャップ？　ハンディキャップという言葉は、喜ばしい響きには聞こえないでしょ。けれども、例えば僕が何かをしようとするとき、スムーズにそれをやれる友達に比べて多少の困難がある場合、僕にはハンディキャップがあるということなんだよ。

他の言い方で説明すると、何かのスポーツをするとき、ある人の動きに他の誰よりもうまくいかない面があるとしたら、その人はそのスポーツにおいてハンディキャップがあるということになる。それは、その人がそのスポーツができないということを意味していないことは明らかでしょ。それはその人が「他の人々のようにはうまくできない」ということにすぎないんだ。誰もが「自分はうまくできない」何かを持っていると思うよ。

エッツラインがこれを書いた二五年前は、まだ原因についてのコンセンサスはなかったので、まずは、当時の専門家に対する批判がなされている。

マックの言う「他の人々のようにはうまくできない何か」は私にもある。いつも例に出すことだけれど、以前私がエアロビクスを習っていたときに、インストラクターの動きが複雑になると、同じ動きができずについていけなくなったことがある。両手足の左右の異なる動きなどすぐにできる人が不思議である。しかし、ゆっくりじっくり繰り返してやっていくうちにいつしか学んでいるのも不思議である。すぐに学ぶ人と繰り返して学ぶ人と、学び方の違いはあっても学んでしまえば同じ状態である。ＬＤとは、学習障害（ラーニング・ディスアビリティーズ）ではなく学び方の違い（ラーニング・ディファレンシス）と捉えることに同意する。

誰もが誰かの名前を思い出せずに考え込んだことがあるはずだよ。よく知っているのにただ思い出せないだけの誰かの名前！　僕は、自分の兄さんの名前を忘れたこともあるよ。これは誰にも起きることなんだけど、僕たちにはもうちょっとだけ多く起きるんだ。そして忘れることで困ったことになることもよくある。

実際、ディスレクシアの子供たちの忘れっぽさはよく聞く。ある子は、自分が忘れないように、その日の予定を書き留める習慣をつけている。これがエッラインの言う「対処」ということだと思う。「治癒」できないから駄目なのではなく、うまい対処をしていけば問題はなくなるか、少なくなる。

僕らは本を読むときにも困ったことがある。文字の書かれたページを見ると文字がFLIP（ぐいと動く）、FLOP（のそりと動く）しているように見えるんだ。時々文字がダンスをしているようにも見えたりする。アルファベットの多くの文字は似たような形をしている。たとえばｂｐｄそしてＷＭなど、僕は混乱するよ。それらはまったく同じように見えるんだ。

リバーサル（反転）と呼ばれる間違いもある。その意味は逆方向に向かうことだよ。左向きなのに右に向いてしまう。僕としては実際左に向けて書いたつもりなのに。

時々僕は他の種類のエラーもおかすんだ。それは僕が話したり読んだり綴ったりしているときに起きる次のような間違いなんだ。

FELT（感じた）をLEFT（左）と間違える。同じようにHUT（小屋）をHURT（傷つける）、SPLIT（裂く）をSPIT（吐く）、GIRL（少女）をGRIL（焼き肉）などと読み間違えたり、書き間違えたりしてしまうんだ。

ここには、ディスレクシアの言語スキルに関する問題が述べられている。リバーサル（反転）は、ひらがなを学び始めた幼い子供がよく経験する鏡文字のことである。エッライン《ママ》はマックに子供が読んでもわかるように易しく説明させているが、大人にとってもこの内容はディスレクシアをよくわからせてくれる。わずか十数行で描写したこの箇所は、エッラインの優れた観察眼を示唆している。冷静に息子たちの状態を見つめ、子供の人格的な形成をも見すえて、自らがそれに対処しようとした姿勢が感じられる。

数字にも僕は困ってしまう。算数の時間、先生が21と言った時、僕は12と書いてしまうことがあるんだ。僕の問題の解きかたは正しいけれど、当然答えは間違ってしまう。僕は数字のある位置を取り違えるみたいだよ。おお、なんということだ！

マックのいう21を12と書いてしまったりすることは一般にもよくあることだが、彼らにはそれが頻繁に起きる。算数の時間にこのような間違いをした場合、教師がその子の状態を理解し、間違っていることを追及しないかかわり方が必要だと思う。応用問題ではなく計算問題のとき、〈12＋5〉を〈21＋5〉と計算してしまった場合、答えは〈26〉であれば、それを正しいと捉えてあげることに支障があるだろうか？「ここ入れ替わったね」と言って、気をつけるように注意を促せばよい。

他の場合でも混乱して困ることがある。あるとき僕は上と言いたいのに、下と言ってしまったりする。そして「コートハンガー」を「ハングコーター」と言ったり、「dandelion（ダンディライオン＝タンポポ）」を「daisy-lion（デイジーライオン）」と言ったりしてしまう。

僕が言葉を正しく使わないとき、それを聞いている人は笑うことがよくある。もし人々が、それは僕の間違いだと考えてくれたら僕は助かる。僕は完全なロボットではないから。そして僕は人間で、他の人々よりも少し多くのミステイクをするだけのことなんだから。

上下、左右、前後の混乱は、ディスレクシアの人々によく起きることである。緊張すると状態はひどくなる。周りにいる人たちが、ちょっと間違ったぐらいで笑ったりさげすんだりしてはますます緊張する。そして「できなさ」を繰り返す。緊張と「できなさ」の悪循環の中で自分はだめだと思い始める。そんな彼らには、周囲の人々の暖かい理解が必要である。

僕は学習を終えたとき、自分のできあがったものをチェック、または訂正しなければならない。間違いがあることを知っているからね。

考えは正しいのになぜか間違えてしまう。数を一つ数え間違えたり、位がそろってなかったりするのだ。意図的ではないこれらのことに対して、「だめだ」とか「できない」と言って非難してしまうと、子供たちの勉強意欲はくじかれていく。

ディスレクシアの子供たちの中には、聞くことに問題を持つ子もいるよ。聴覚に問題はないけれど、感覚的に指示に従えないことのようだ。先生がゲームの仕方を教えてくれても、僕の場合はいつも理解していない。先生の言う意味がわからないと質問して、皆にできない子だと思われたくないので、時々僕はゲームをしたくないと言ったり、ばかげた行動をしたりしてしまうんだ。でも今ではちゃんとわかっている。わからないことを聞くことは、恥ずかしいことではないことをね。繰り返して言ってもらうよりも、ばかげた行為をすることの方が問題が多いことを、僕は考えられるようになったよ。

往々にして、ディスレクシアの子供たちは教師が話しているあいだ、自分の考えを発展させてしまい、頭の中は自分のアイディアがいっぱいで、教師の声は心に届いていないことが多いようだ。または、言葉を自分なりに解釈するのかもしれない。しかし成長するに従い、心を話し手に向け、わからないときは質問をすることの大切さに気づき、ばかげたことをすることの無意味さを考え始める。周りの人々は子供たちの人間的成長を暖かく見守り、成熟してくる彼らを待つことが大切である。

時々僕は、他の人が怒ってしまうようなことをしてしまう。けれどそれがなぜ怒られるのか、まだわからないんだ。みんなの中で僕はどのように行動したらよいか、いつもわかっていないんだ。

何かを言う前によく考えないといけない。さもないとしばしば、僕は本当にばかげたことを言ってしまう。たとえば友達のビルが、歯の矯正のためにしているブレスを彼が誇りに思っているようなとき、そのブレスをついからかってしまったりするんだ。また、おばあちゃんが僕の誕生日にゲームを買ってくれたとき、僕はそれをすでに持っているよなんて言ってしまうんだ。後で聞いたら、おばあちゃんはそれを探すのに四か所もお店を回ったらしい。僕はなんてことを言ってしまうんだろう。かわいそうなおばあちゃん。

ディスレクシアの子供たちには、ユニークな考えがひらめくことがよくあり、その考えと今している事柄が一致していなかったり、まったく逆の言動になったりしてしまうことが少なくない。今起きていることと自分の考えとのかみあわなさを把握できないという「できなさ」が、幼いときにはついてまわるようだ。しかしこれも人間的成長とともに、行動の常識性を学んでいくことで解決していくことも確かである。

ディスレクシアの子供たちの中にはいつも動き回っている子供がいる。大人たちはこの状態を「ハイパー（過度の）」と呼ぶらしい。こういった子供たちはじっと座っていられないし、学習に集中できない。この余分のエネルギーは様々なトラブルを起こしてしまう。ある教師はのりで僕を椅子にくっつけようと冗談を言ったこともある。ところが、今は好ましくないかもしれないけれど、僕たちが大きくなったとき、この余分のエネルギーのすべてがきわめて大きな価値をもつことになるんだよ。たとえば一日の仕事の後、みんなが「疲れた」と言っているとき、いよいよこれから始まるかのように元気いっぱいだったりするよ。

いわゆるＡＤＨＤ（注意欠陥・多動）といわれる行動上の問題も、成長とともに解決することが多い。この状態が非常に常識を越えているとき、薬物療法の必要も出てくる。しかし、隣の子に比べて少し落ち着きがないぐらいで薬の処方を求めるのは行き過ぎだと思う。

ちなみに、カリフォルニア州アルタディーナにあるLD教育の学校、フロスティグ・スクールでは、一九九九年に見学したとき、約一〇〇人中三〇人が服薬していた。

エッラインがマックに言わせているように、多動（ハイパー・アクティブ）の源である余分のエネルギーは、大人になったときの社会的活動に役立つ場合もあることを思えば、隣の子より少し動きの多い我が子を嘆くことはない。愛情を込めて抱きしめ、自信と自尊心を持たせるように接することが大切である。

私の友人で自称ディスレクシアのスーザンは、いつも活動的で、自分のことをADD（注意散漫）と把握している。彼女のあれやこれやと気が向く状態は見ていてよくわかる。しかし、活動に統一性がないと問題だけれど、注意を向けたものをうまくまとめることができれば障害にはならず、多くのことに気が向くことは貴重でさえある。


僕にとって、机はきちんと整理されているほうが学習しやすい。それから静かな場所が、学習するにはいいよ。雑音は注意をそらす源だからね。

そして一つのことをするのに長い時間をかけたくはないんだ。すぐにいろいろなことがひらめいてきて、短時間で問題を解決できることが多いからね。

学習机の周辺が雑然としていることは、一般的にもそうだが、特にディスレクシアの子供たちには気を散らす要因である。整理する習慣をつけるとともに、学習に集中できる環境を整えてあげる周囲の人の気遣いは大切である。雑音などもない静かな部屋で、頭脳の回転の速いディスレクシアの子は、一気に課業を終わらせることを好むようだ。子供たちの学習に関しては、家族の人々の協力が必要である。

僕はディスレクシアが家族に遺伝するということを知った。僕にはディスレクシアの叔父さんがいるんだ。彼は僕の年齢の頃に、読みの学習が非常に大変だったらしい。しかし今や社会人になって、弁護士を目指して勉強している。叔父さんが僕と同じ年の頃に、いろいろなことをどのように感じていたかを話してくれることが、僕には楽しみの一つなんだ。話してくれる内容は、僕がしでかしたことを両親や先生や友人たちに説明するとき役に立つ。特に僕が何かで悩んでいるとき、叔父さんのことを思い出すと元気が出るんだ。

ここでエッラインは、ＬＤ状態は個人の中に遺伝的にもともと存在していること、つまり栄養が悪かったからとか、ウィルスによって起きたものなどではないことを説明している。

マックの叔父さんがディスレクシアで、少年時代に読むことで悩んだことを甥のマックに話し、自信を持たせようとしたことを記している。ＬＤ状態に困惑したり引っ込み思案になったり、まして絶望感に陥る必要はまったくない。その状態にうまく対処すれば、成功裏に生きられることをマックの叔父さんは教えている。

僕は物事が僕にわかるように説明されるときは、いつも気分がいいんだ。ディスレクシアの子供たちには、それぞれ自分自身に合った学び方がある。僕の学び方を理解してくれる先生の授業はとてもよくわかるよ。

ディスレクシアの子供たちの状態はみんな違うんだ。一人一人の状態に適った学び方を工夫することが必要だよ。すべての人が同じ学び方で効果的に学べるとは誰も思わないだろう。一つの学び方がすべての人にベストであるはずはないよ。人によって学び方は違うんだ。

ここでもまた、ＬＤを学習困難（ラーニング・ディスアビリティーズ）ではなく、学び方の違い（ラーニング・ディファレンシス）と捉えようという提案がされている。他の人々にはわかる説明でも、ある子にはなぜそうなのか理解できない。理解できるような説明を教師や大人はする必要がある。たった一つの学習方法にとらわれない柔軟さが望まれる。

学ぶことに関していくつかの効果的な方法があるよ。僕たちにとってベストの学び方は感覚器官のすべてを使うことらしい。このことは僕たちの目、耳そして筋力を使うことを意味する。この方法で僕らの中の強い感覚器官が、少し後押しの必要な感覚器官を助けるんだよ。

僕はパズルのように英語の言葉を考えることが好きだった。それで僕は、学習の段階を細かく区切って単語を学んでいったんだ。頑張るとすぐにアルファベットの断片は合わさって、一つの文字になっていったよ。

それから僕は、リピテーション（繰り返し）の学び方でずいぶん助けられたと思っている。一つのことを何度も繰り返すことで学んでいける。それは雪の中でスキーの練習をするのに似ている。スキーヤーが雪にそりの跡を残して何度も何度もスイスイ滑るようなものだ。物事を繰り返すことによって、僕は僕の脳に学んだことの跡をつける。そして記憶するチャンスを待つんだ。

あらゆるスキル（技術）は多くのプラクティス（訓練）を必要とするよ。ボールなどの用具を使うスポーツのことを考えてみると、訓練の必要性がよくわかると思う。言語を使うにも必要とされる多くのスキルがある。言葉を読むために音を合わせたり、綴りの決まりを知ったり、音節に分けたりすることが必要でしょう。そのスキルに沿って考えることも必要なんだ。考えることは誰にとっても易しいように、僕たちにはとても易しいことだよ。ディスレクシアの子供たちにとって困難なことは、考えることよりもスキルを学ぶことなんだ。だから僕らには多くの訓練が必要なんだよ。

よく考えることによって、僕らは単語がどのように一つにまとまるかを理解することもできる。この方法で（思考力を利用して）僕らは物事を速やかに学ぶことができるのさ。この思考力は、忘れることの多い、期待できない記憶を呼び起こすためにも力となるんだ。

ここでは複数の感覚器官を使って学習に臨むこと、繰り返しの練習に効果があること、技術を学ぶことは弱いけれど考える力は優れていること、その思考力で弱い記憶力を補強することなどを知らせ、それらがディスレクシアの子供たちの学びに役立つことを記している。

ここまで話して、そしてディスレクシアに関する多くのことを考えた今、僕はディスレクシアであることには確かな強みがあると気づき始めた。たぶん誰も僕を信じないかもしれないけれど、みんなを説得してみよう。僕らにはすごい仲間がいるよ。みんなは、非常に有名なある人々がディスレクシアであったことを知ってるかな？　トーマス・エジソン、アルバート・アインシュタイン、ジョージ・パットン、ネルソン・ロックフェラー、ハンス・アンデルセン、これらの人々は、みんなディスレクシアだったんだよ。

多くのディスレクシアの子供たちには、優れた創造力がある。そして、科学、芸術、工芸、運動にその力を発揮することができる。またディスレクシアの状態が、個人の人生のすべてに渡ってマイナスに影響することはないんだ。それは、新しい事柄や経験に挑戦してみるとよくわかるよ。多くの分野で、僕らには他の人よりもよくできる面があるんだ。だから、自分自身について良い感じを持てる事柄を見つけることが大切だと思うよ。

僕らが一つの困難な問題に取り組んだことは、将来他の困難な場面で役に立つはずだ。ある学者はリサーチの結果として、ディスレクシアの子供たちが融通性の優れた大人になることを発表しているよ。子供の頃の僕らには、一つのやり方で物事が成功しなかったとき、他の方法に挑戦する能力があったことを報告しているんだ。僕らはこの挑戦を大人になってからも続けている。だから融通がきくんだよ。

ディスレクシアの人々は非常に頭がいい。ディスレクシアであることは、「学ぶことができない」ということを意味してはいない。それはただ「特別な方法で何かを学ばねばならない」ということなんだ。

かつて僕は、学ぶことに問題があるという事実に直面したとき、それに対して自分の全エネルギーを使ったものだ。そしてできるようになったときはうれしかった。誰だって自分がうまくできない事柄だけを考えながら生きるのは、幸せではないだろう。僕らにはできることがいっぱいある。僕は得意なことをするときはいつも楽しいと思うんだ。みんなもできることに目を向けよう。

それで僕は好きな写真について勉強した。それはほんとに面白いと思った。僕の写真は時々、僕が言葉にできない事柄について何かを言ってくれたりするよ。テープで物語を聞くことも楽しい。僕のテープレコーダーは非常に役に立っている。僕はお母さんが読んでくれた物語をテープにとって、それを聞きたいときはいつでも聞くんだ。無料で聞くテープを送ってくれる特別な図書館もあるよ。（筆者注＝二〇数年前はテープレコーダーが貴重な聴覚教具だった。）

まだ他に楽しいことがあるよ。時々僕はレポーターになって、自分で質問をしたり答えたりするのさ。想像力を使ってやりとりするのは、上手な話し方の練習になるし、実際楽しいんだよ。

人々は、日々の生活の中で何かをしようとするとき、難しいと感じることに出くわすことがよくあるものだ。例えば、自転車にうまく乗ることができず、ころんでばかりいる人がいる。目を洗うとき、瞼をぱちぱちすることがたやすくない人もいる。僕にとっては「読み、書き、綴り」が、マスターするのにちょっと時間がかかる事柄なんだ。でも僕は頑張って乗り越えたよ。

後になって厳しい仕事に直面したときでも、僕らはそれを無事に切り抜けることができる。なぜなら以前に難しい作業に挑戦してやり遂げているからね。やり遂げるために懸命に取り組んだ事柄は、多くの場合、努力なしにできた事柄よりも大きな価値を生むものさ。これで僕の話は終わりだよ。

多くのディスレクシアの子供たちは、非常に努力家である。自分のできなさに全エネルギーで取り組み、自分にとってよりよい状態を築こうとする。できないことへの挑戦と、できることを見つけて自分の能力を広げていくことで、柔軟で融通のきく人間性を培っていく。

マックに語らせたエッラインのLD把握には、LDであることで起きるマイナスの思考は少しもない。二人の息子がディスレクシアであるという現実を抱え、その現実を直視して、プラス思考でそれに対処した生き方には学ぶ点が多い。

あるとき友人の一人が次のようなことを言った。

「アンデルセンはどのような気持ちで『みにくいアヒルの子』を書いたのでしょうね?」

私はこの言葉の意味を考えた。そして、ディスレクシアで言語スキルに問題を抱えたアンデルセンを「アヒルの子」、努力して作家となり、世界中の子供たちに童話を贈ったアンデルセンを「大白鳥」と捉える友人の発想に気づいた。ディスレクシアであっても世界中の人々に貢献できることを、アンデルセンもアインシュタインも、エジソンも、パットン将軍も、その生き様で示した。エッラインが偉大な人々を紹介して、ディスレクシアの子供たちを勇気づけようとしたのであろうことは言うまでもない。

マックの自己把握(=エッラインのLD把握)に私は同意する。マックの「それは(LD状態は)『愚かである』とか『学ぶことができない』ということではない。『他の人々のようにはうまくできない』ということに過ぎない。誰もが『うまくできない』何かを持っていると思う。それぞれ自分自身の学び方がある。人によって学び方は異なるはずだ」などという考え方は、私の思いと一致する。

エッツラインはマックに語らせることによって、「ＬＤ状態は遺伝すること、ベストな学び方は複数の感覚器官を使うこと、繰り返し学ぶことに効果があること、ＬＤ状態にある子供たちの思考力の優れていること、非常に創造力があること、偉大な仲間がいること、得意なことやできることに目を向けること」等々をＬＤ状態で苦しんでいるかもしれない人たちに教えた。そして、努力して物事を成し遂げるように激励している。

二五年以上も前にエッツラインは自分の子供の状態を観察し、ＬＤ状態を適切に把握していた。「微細脳損傷だ、脳機能障害だ、知覚障害だ、定義は……」などと議論がなされていたそれ以前に、すでに一人の主婦がＬＤ状態を経験的に正しく把握していたのである。この『A Primer on Dyslexia』でエッツラインは、個人の「できなさへの対応」と「強い能力を生かすこと」を説いた。

この強い能力を生かすことは、弱い面をも引き上げるものだと感じる次のような事実がある。ある人気アイドル・グループのリーダーについてである。彼は歌唱力は非常に弱いけれど、俳優、ダンサー、司会者としての能力は非常に優れている。弱い面がかき消えるほどそれらの強い面が生かされて、歌手としても大活躍をし、魅力あるエンターティナーとして多くの日本人を楽しませている。

彼の生き方は、ディスレクシアの人にも、そうでない人にも優れた参考になる。きっと彼は、プラスのセルフ・コンセプト（自己概念）の持ち主に違いない。セルフ・コンセプトとは「自分が自分をどう見ているか」ということだが、一つの弱い面にこだわって「できない、できない」と萎縮して人生を送る人もいるだろうし、自分の強い面を生かして得られた自信が弱い面を引き上げて、才能を全開して生き抜く人もいる。彼はまさに後者のタイプで、「高いセルフ・コンセプトを持つ人は、学業や人生で成功する」という仮説を裏付けてくれそうである。ディスレクシアの人たちのセルフ・コンセプトを高める関わりを、周囲の人々は心がけてほしいものである。

ディスレクシアに負けない人々

視覚の強さを生かしたスーザン・レイラ

私の友人でスーザン・レイラ（仮名）という人がいる。取材当時は四五歳でドキュメンタリー・フィルムの制作を手がけていた。フィルムが売れるようになるまでは、秘書をしたり、カメラマンの助手をしたり、さまざまなことをしてきた。私が彼女と出会ったときは、彼女のフィルム制作に対してある裕福な女性スポンサーから資金の提供がなされていた。

スーザンとはロス・アンジェルスの平和運動の会で出会った。ある日スーザンが「自分はディスレクシアでＡＤＤ（注意散漫）なんだ」と、ふともらした。けれど、彼女をどう見てもそうは思えない。子供の教育に関するドキュメント映画の制作をしている彼女がディスレクシアとはと不信に思い、「どこが？」と思わず聞き返した。が、言われてみれば、彼女が文字を書くときに定規を当てているのを見たことを思い出す。デザインされたかのようにきちんと並んだ文字を見て、私は「アーティスト？」と聞いたことがある。しかし定規を当てるのには、字が曲がらないようにとか、字をとばさないようにとか、ちゃんとした理由があったのかもしれない。さらに思い返すと、彼女は緊張すると言葉がつかえることがよくある。私がそのことを尋ねると、緊張すると頭の中が真っ白になり、話そうとしたことも出てこなくなると言っていた。

スーザンは三八歳まで、自分の状態がディスレクシアとは知らずにいた。レコード会社で秘書をしているとき、読んだり聞いたりしたことを忘れることが多くて悩み、それを友人に話したところ、ディスレクシアかもしれないと言われた。そして三九歳のとき、サンタモニカ・カレッジのＬＤプログラムを受講したという。

彼女は、自分が受けたサンタモニカ・カレッジのＬＤプログラムと、成績評価のついた用紙を見せてくれた。そして、それを日本の人たちに紹介してもよいと申し出てくれた。

サンタモニカ・カレッジはＬＤについて、「ラーニング・ディスアビリティーズ（学習困難）ではなく、理解や記憶あるいは情報処理能力に関するラーニング・ディファレンシス（学び方の違い）であると認識する。この学び方の違いは注意力、識別力、連続性把握力、言語理解力、判断力、聴覚や視覚のプロセス、または手先の細かい動きの調整などに表れる。こういった学生たちは成功する才能があるにもかかわらず、一斉学習をする学校生活では困難を経験するのである」と定義している。

サンタモニカ・カレッジでLDプログラムのサービスを受けるために、学生は以下の四項目についての証明を求められる。それらは、(1)平均か平均以上の知能の証明、(2)プロセス（物事の順序や経過に関すること）の「できなさ」の証明、(3)知能と成績間の差の証明、(4)高校あるいは大学の成績証明である。

志願した人は、まず州内の公立カレッジの適格基準を満たしているかどうかの判定を専門家に受ける。そして、先の四項目の状況を認める学生自身のサインと専門家のサインがあって、LDサービスが開始される。あくまでも本人の同意、未成年の場合は父母の同意がなければLDサービスを受けることはできない。教育システムはあるけれど、学校や周囲の人がその教育を受けるように強制することはできないのである。

スーザン・レイラのLD状態と機能上の限界を資料の中から見ることができた。「読解力、経過を追った作文、書き文字のスピード」の低得点は、言語の表現能力の「できなさ」を暗示している。特に時間内に仕上げなければならないときはプレッシャーが大きくなり不出来になる。強い面は視覚による物事の把握と読み取りによる物事の順序の把握である。機能的な限界は時間内に仕上げる書き文字である。定規を当てて一文字ずつ書くので遅いのだろうが、丁寧な仕上がりである。

思うに、スーザンの「言語表現能力の不足」は、おそらくテスト場面の書き表現で緊張したときに取った低い点に由来しているのではないだろうか。リラックスして普通に話す口述表現は非常に豊かなのである。

スーザンの能力プロファイルは、視覚での把握力の強さを示している。さらに集中力とモチベーションも強い能力を示している。聴覚把握と時間の管理はやや強いとなっている。判断力や学習技能、経過を追う速さは平均的な数値で表れて、弱い面は言語理解と不安管理と記憶に示されている。

次頁の表はスーザンのプロファイルの全体像である。各能力の水準を@マークで記してある。

この評価に基づいて、強い能力の強化と弱い能力の補強のためのプログラムが示されるのである。

スーザンに提示されたプログラム内容は、数学の個人教授、スペルの学び方の工夫（スペリング器具利用等）、聞き取り用テープ・レコーダーの利用（速さを変えて）、試験での追加時間をアレンジすることなどで、自尊心を高め自己確立をめざし、強い視覚を用いて学ぶことが計画された。

さらに専門家は次のようなコメントをしている。

スーザンの能力プロファイル

（学習能力）	強		平均		弱
経過を追う速さ		@			
視覚での把握力	@				
聴覚での把握力		@			
短期記憶（言語）				@	
判断力			@		
言語理解				@	

（学習の準備性）	強		平均		弱
時間の管理		@			
集中力	@				
不安管理				@	
学習技能		@			
モチベーション	@				

（サンタモニカ・カレッジのＬＤプログラムより）

調査項目	取　材　先	月／日／時間／方法
男女の差	ローラ・ハクスリー	
教育指導者	ウェイン・ハンドマン	
人権闘争	ガンディー研究所	
精神性	ラム・ダス	

言語表現は、自分で考えているのに言葉にならず、フラストレーションによる不安でさらにできなくなる。本読みの困難は、音声の問題ではなく意味の把握力の問題である。数学は言語科目ではないが、個人教授で「できなさ」への対応をすることができる。視覚力が強いので言葉を視覚化する方法を学ぶとよい。強い面と弱い面の差は大きいが、セルフ・コンセプトを高め、自分自身にもっと自信を持つことが大切である。

以上の診断結果を基にＬＤプログラムを受講して三年たつ頃には、スーザンは視覚を通して事柄を把握するという強い面を活用して生活できるようになった。例えば、現在制作中の教育ドキュメントの内容を要点化し、それを大きな表にして壁に貼り、「今していることは、明日の予定は、今週の活動は」といったことが視覚を通して記憶されていく。

それは上のような表になる。

これに日付や取材方法を書き込み、視覚で自分の行動を把握していく。一日の行動予定もこのように表にして視覚に捉えておく。読んだ本の内容も要点をリストにして視覚に入れる。私たちも読んだ本の内容を表にまとめたりするけれど、スーザンの場合は大きな表を見て、すべてを視覚に入れて行動するという。

スーザンがＬＤ教育で学んだことは「視覚による組織化、整理」であった。これにより行動がスムーズに流れ、あわてることなく自分のすることに自信がもてる。よって不安がなくなり、落ち着いて物事に対処できるようになった。スーザンは、このように物事を視覚化することにより、ディスレクシア（スーザンの場合は「記憶の呼び戻し困難」）と心理的不安を克服したと語る。

学び方の違いとは、一人一人に異なる学び方があるということである。個人の「できなさ」の状態を把握して効果的な学び方を見いだしたとき、ＬＤ状態は改善できる。さらに強い面を生かしきったら人生は成功に向かうものである。

スーザンはウェスト・ハリウッドのアパートに一人で住んでいる。彼女の住居で私の注意をひいたことが二つある。一つは部屋の中の様子である。それは几帳面な人が物をしまい込んで整理し、何も置いていない部屋の空間とはだいぶ違い、見ているだけで楽しくなる。

リビング・ルームの様子を一言で言うと、大物小物が部屋中にアレンジされて飾られていると表現できる。大小のフォト・フレームに入った写真が机や棚に並び、または壁に掛けられ、友人が描いた大きな絵が数点、さらに小さい絵が至る所にある。アロエの鉢植えや大小の観葉植物、折鶴ランの大鉢、小石が盛られて水がいつも流れている小さな噴水箱、一九三〇年代のタイプライター、その横にはギターがたてかけられ、雑誌の入ったかごが床に、ソファーには大小のクッションが置かれ、という具合で、まだまだいろいろある。私が訪問するたびにそれらの置かれた位置が移動している。スーザンは、色々なことに注意が向けられて、しかもうまくまとまっている自分の部屋と、そのようにできる自分に誇りを持っているように見えた。

もう一つは、壁に貼ってある大きく書かれた計画表である。前述したように、彼女はこれを見て自分の予定を記憶に留めるのだ。

仕事のフィルム作りや部屋の模様替え、植物の手入れや平和運動などに休むことを知らないスーザンである。多忙な彼女にディスレクシアとＡＤＤ状態について知りたいと言うと、色々なことに答えてくれた。

子供時代について質問すると、それを語るには父親のことにふれねばならないと彼女は言った。父親は建築家だった。彼は二一歳という若さで結婚し、兄とスーザン、そして妹が生まれた。その頃はまだ経済的に思うようにいかず、父親は家族に十分なことがしてやれず、欲求不満でアルコール依存症になっていった。彼は家族を愛することができず、子供たちにも冷たかった。ハローと言っても答えてくれず知らん顔をしていた。家庭は安定した状態ではなかった。

そんな中で彼女は音楽を聞いたり、友達と遊んだりして気を紛らしていた。父親はほとんど毎日酒浸りで、子供たちを叩いたり怒鳴ったりした。肉体的な暴力だけではなく、言葉による暴力も浴びせられた。父親の虐待が続くため、彼女はいつもおろおろして落ち着かず、どのように行動したらよいかわからなかった。言葉をうまく話すことができなくなり人との交流もスムーズにはいかなかった。兄は無関心を続け、彼女と母親はどのようにすれば打《ぶ》たれなくてすむかばかりを考えていた。ああしてこうしてと心痛む毎日だった。恐怖心が彼女の全体を覆い、人と話しても言葉をつなぐことができず、本を読んでも内容が記憶に留まることはなかった。彼女は、もし自分にADDやディスレクシアという遺伝子があったとしても、この父親の行為がそれらをさらに悪化させたのだと強く言った。

母親は父親にかわって懸命に働き、生活のすべてが普通のレベルになるように努力した。母方の祖母も安定した人だった。スーザンはこの祖母との関係が深く、祖母にいつも優しく見守られていた。愛情深く関わってくれる人々の中では、彼女は安定していた。そんなときは、色々なことに注意が向くけれども、注意散漫にはならずに全体を把握できたという。

思春期以降のスーザンについて、どのような日々であったかを聞いた。彼女は高校を出て、ソーシャル・ミュージック・スクールで学んだと言う。ここを卒業して七年間、私立の学校で音楽教師として働き、シンガー・ソングライターもやった。彼女は楽譜は読めなかったけれどギターが弾ける。自分でもなぜ弾けるのかわからないと不思議がっていた。音楽教師のあと、ワーナー・ブラザーズのレコード・カンパニーに勤め、アシスタントなどをした。

以前から彼女は、読んだものの内容を後で人に伝えることが困難であることに気がついていた。それは読解力の問題だと思っていた。アシスタントをするようになって特にそれらが目だち始め、その「できなさ」が悔しくて、涙が出ることがしばしばあったそうだ。そんなとき、友人の息子がサンタモニカ・カレッジでディスレクシアの改善教育を受けていることを聞き、彼女もそれに志願した。そして一九九七年から三年間、サンタモニカ・カレッジの「人間の発達科」で勉強することになった。

そこで色々なテストを受けた結果、彼女は「recall deficit disorder（記憶したことを再現することの困難)」であると判定された。つまり記憶したことを呼び戻せないのである。読書後、内容が記憶から戻ってこないから読解力悪しと評価される。特にテスト中など、緊張すると記憶回路が閉ざされるのか、勉強したことのすべてを忘れた状態になる。リラックス状態のときは、記憶したことをわりとよく「recall(呼び戻し)」できたようだ。

サンタモニカ・カレッジで他にわかったことは、物事を視覚で捉えることが天才レベルにあるということだった。それで視覚力を利用して、本の内容を記憶にとどめるスキルの訓練を受けた。ノートに本の内容を、一見して地図のような形にまとめる。それを視覚を通して記憶していく。そうするようになってテスト中のストレスも減り、「自分は視覚力に優れている。stupid(愚か者)ではなかったんだ」と自信を持つようになっていった。自信が心の安定を生み、落ち着いて本を読み、視覚化し、記憶を呼び戻すことができ、自信が膨らんでいった。弱かった読解力を強い視覚力が補って、「good reader(よく読める人)」になっていったと語る。

LDは障害ではない。「Learning Differences(学び方の違い)」であるとサンタモニカ・カレッジの定義にもあるように、「一人一人学び方が違う」と捉えることは、多くの人々や関係機関が賛同している。一人一人の特性を把握し、それに対処する適切な学び方を見いだすことが必要なのである。

スーザンは自分のＡＤＤと言われる状態を利用して、あれこれと思いを巡らし、それら思いついたことを統合して、ドキュメンタリー・フィルムを作っている。彼女は、ＡＤＤというのは一つのことに固執しないで、あれもこれもに注意がいく状態なんだと言う。あれもこれも思いついて、どれもがばらばらに終始するならば注意欠陥障害となるけれど、この種々な思いを統一できたら、創造的な仕事ができると語る。

フィルム作りの仕事でもさまざまなテーマが浮かぶけれど、それらすべてを結びつけて構成すると、内容の深い豊かなドキュメントになる。それは一つのことしか思いつかない人の作品より優れたものになるはずだ。統合する能力があればＡＤＤは障害ではなく才能になる。色々な思いを統合するスキルは教育で養えるはずである。彼女の場合は「教育にもよるけれど、統合する能力がもともとあったような気がする」と言っていた。

記憶について、感情の伴う理解をすると機械的暗記よりも記憶に留まり、フィーリングとともに理解していくと記憶に強く残り、呼び戻せるということがわかったとも言う。

スーザンは、「情熱とともに学び、失敗を恐れない」という言葉で、自己の生き方を表現した。しかし自分を守るために、大きなストレスがあると失敗しやすいので、まずはストレスのない生活を築きたいと言う。経験によって知識を増やし、自分を発展させるために何事にも忍耐していきたいとも言っていた。

最後に定規（ルーラー）を使って文字を書いていることについて、その理由を聞いた。すると、次のように答えてくれた。父親が建築家だったので、小さいとき定規を使って仕事をしている父を見ていた。その父と定規を通してつながっていると思うことに喜びがある。冷たく暴力的で親しい関係がなかったし、両親の離婚後、五年間会っていない父だけれど、父とつながっている定規が好き。それと活字体で書いてみたいから。形を変えることの楽しみ。定規で活字体を書くことが楽しいので、などと語ってくれた。

私はスーザンの話を聞いて感動した。それまで感じていたより深い、彼女の自己把握だと思った。彼女の部屋のインテリア・デザインは、彼女の注意が向いたさまざまな大物小物のアレンジだった。バラバラに置くのではなく統一しているから部屋の雰囲気がまとまっていて楽しい感じがする。ＡＤＤという特性を生かしたとスーザンが言う部屋を私も好きである。

スーザンは貴重なことを話してくれた。一つのことだけに集中できることも一つの才能、けれど、色々な思いを並べてすべてを統一できることも大きな才能。するとＡＤＤ状態によって注意の向いたことすべてを統合できれば、人類への貢献度は計り知れないものになりそうだ。エジソンはそのタイプの偉人だと思う。小さい頃から実に色々なことを思いつき発明品という形にまとめ上げた。色々と考えるからいつもじっとしていられなかったのだろう。エジソンの人生は静ではなく動であった。スーザンも動的な毎日を過ごしていた。ＡＤＤはAttention（注意）、Deficit（欠損）、Disorder（不調）の頭文字をとった略語であるけれど、私は次のように考える。ＡＤＤのはじめのＤはDeficitではなくDiverse（多様性）の頭文字、最後のＤはDisorderではなくDistinction（特徴）の頭文字、だから「注意欠陥障害」ではなく「注意多様性特質」というように考えると、もっとプラス思考で生きられるのではないだろうか。

もう一つスーザンから見いだせたことがある。それは子の親を思う心である。父からの虐待を体験したにもかかわらず、スーザンは父親とつながる定規を使うことが好きだという。そこだけが自分と父との接点だから、一つ一つの文字を定規で書く。どんなに時間がかかっても父とつながる自分を止めない。どんな親であっても心の底で子供は親を求めるのである。

親が子供にふるう暴力が学業や心情に深大な影響を及ぼすのは周知のことであるが、それでも子供がその親を求めてやまない場合は、その影響はなおいっそう痛ましいものになる。スーザンのＡＤＤ状態は、父親の虐待によって悪化したということに私も同意する。

読みのレベルが小学三年生だったジェイムス・バウアー

自分がディスレクシアであると知らずに育った、ミネソタ州ミネアポリスに住むジェイムス・バウアーは、苦労した学生時代の体験を「The Runaway Learning Machine（一斉授業を乗り切る）」と題して一冊の本にまとめた。副題は「Growing up Dyslexia（ディスレクシアで育つ）」である。私は国際ディスレクシア協会の定期便を通じてこの書を知り、購入して一気に読んだ。

ジェイムスは技術学校を出てやっと職業セラピー・アシスタント（OTA）として就職をした後、読みの訓練を受けてこの著書を出版した。一九九二年のことである。現在彼は四〇代である。本には、ジェイムスがディスレクシア状態に苦しみ、それを乗り越え、大学院で学ぶところまでが綴られている。読みの訓練を受けた後に書かれたこの本は、ディスレクシア状態は学びの場面に重くのしかかってくるが、それは改善できるものであるということを伝えている。

以下はその体験記のあらすじである。

〈幼稚園時代〉

ジェイムスは田舎町に生まれた。わらの家を造ったり、かみつき亀を捕まえたり、木に登ったり、豚小屋の豚に名前を付けたり、暗い地下にはお化けがいるような感じを持ったりしながら、豊かな自然環境と楽しい家庭の中で問題なく育つ。

まだディスレクシアであるとはわかっていない。この時代にわかったことは、母親がジェイムスに色の名前を何度教えても憶えないことであった。例えば、母親が部屋の中でカーテンは白、壁は緑、絨毯は茶と何度も教える。その後で「カーテンの色は？」と聞く。しかしジェイムスは答えられない。もう一度部屋に戻ってカーテンの色を見せられる。こんなことの繰り返しが続いた。ジェイムスにとってリビング・ルームは黒と白の色合いでできていた。自分の中枢神経のシステムは、まだ色の分離と統合がなされていなかったと記している。

この母親が立案した学習での最初の「できない」経験にもかかわらず、ジェイムスは自分自身をかなり頭のよい子供だと思っていた。しかし、兄に比べて読み書きのスキルをマスターすることが遅く、そこに少し問題があるとは感じていた。

小学一年生になる前に、一家は田舎の家からオハイオ州の家に引っ越しをした。

〈一年生〉

ジェイムスは古くて大きな小学校に入学する。入ってすぐに読みの時間があった。先生が「the, and, cat, dog, Jerry」という言葉を黒板に書く。そして全員で一緒に何度も読ませた後、その単語が載った教科書を一人一人に読ませた。ジェイムスに順番が回ってきて、教科書を見た彼は「ギリシャの神経解剖学のテキストを見ているようだった」と記している。そこに書かれた文字を手探りで追ったけれどどう読めばよいのかわからず、永久に続くかと思われる沈黙のまま席に座っていた。彼が認識できたのは「Jerry」という単語だけであった。

先生はジェイムスを叱り始め、「あなたはそのページの言葉を一つしか読めなかった」と怒った。ジェイムスは自分が非難されているかのように、そして自分が何か悪いことをしたかのように感じた。先生の何時間も続くかと思われる小言の中で、ジェイムスは次第に自尊心をそがれていった。他の子はどうやって読むことを学ぶのか、自分はどうして学べないのか？　小学一年生の彼は、すでに自分の読みの「できなさ」に悩み始めていた。

一年生の終わりになって、ジェイムスの一家は再び郷里ミネソタの田舎に戻ることになった。

〈二年生〉

カソリックの学校に入る。ジェイムスはアルファベットのそれぞれの読み方は知っていた。しかし発音がわからない状態だった。

授業は課目ごとに教室移動をするシステムで、最初のクラスは宗教の授業だった。このクラスはほとんどすべての情報が口頭で伝えられ、聴覚で受け止めればよいので、ジェイムスにとっては問題なくよくできた。フィードバックは教師に口頭で返し、情報はすべて記憶に残った。

しかし読みの時間は悲惨なものだった。クラス担任のシスターは、ジェイムスのノートに悲しい顔のエンジェルマークを貼った。そして「もっと勉強しなさい、もっと勉強しなさい」と何度も言った。

〈三年生〉

二年生から三年生になる夏、両親はそれまでに貯金をしたお金で、ミネアポリスの郊外に家を買った。ここでも教区のカソリック・スクールに転入した。このころある心理学者が、「子供たちが読むことを学べないのは、彼らが学びたくないからである」という研究論文を発表した。この考え方は教区全域に拡がっていた。

しかし、ジェイムスは読むことを学びたいと思っていた。「神は僕が学びたいことを知っているはずだ。僕は読もうとしている。その心理学者は僕のことを知らない。けれどその人は心理学者だから、言っていることはきっと正しいに違いない。僕は読むことを学びたくないのかもしれない。なぜ僕は読むことを学びたくないのだ？　僕は悪い少年かもしれない」と、誤った研究論文を信じるように追い込まれ、ジェイムスは読みが困難な自分を非難していくのだった。

三年生では活字体を覚えた後、筆記体でアルファベットを学ぶことも期待されていた。ジェイムスは筆記体に手こずっていた。筆記体は、彼には活字体とは完全に異なる言語に見えたのである。

読みの時間、彼はさらに苦しみ続けた。先生はクラス全員に読ませようとする。ジェイムスの番が回ってきて、単語との格闘が始まるのだ。あるとき、文章の中に四つの知らない単語があった。先生は「声に出して読みなさい」と言った。その文字が作る音がどんな音であったかを考えるが出てこない。最後に先生はその単語の音をジェイムスに告げた。座っていた椅子は温かくなり熱が出たように感じた。自分の次の子がどうして読めたのか、思いもつかなかった。この悲しい出来事でジェイムスの心は真っ暗になり、教室を出てしまった。

ある日ジェイムスは担任に呼ばれた。先生は彼の書いたものが気に入らなかった。「どのように書いたらよいか教えよう」と先生はジェイムスの右手をつかんだ。そしてゆっくりと、アルファベットをＡＢＣからＺまで書いていった。ジェイムスは怯んだ。「先生は僕をつかんだ？　僕を怒鳴った？」これにはもう耐えられず、静かに小さな声で言った。「僕は左手で書くのです。」先生は動きを止めてジェイムスを見た。「あなたは左ぎっちょなの？」「そう思います。」「そう思う？　あなたは自分がどちらの手で書くかも知らないの？」「これです。」ジェイムスは震えながら左手を出した。先生はジェイムスの左手をつかんで再び同じことを始めた。ＡＢＣからＺまで。ジェイムスは先生の努力が少しも自分の身に付いていないことを感じていた。

ある日の読みの時間、先生はジェイムスにある単語を読むように命令した。しかしジェイムスにはできなかった。友達が小さい声で助けようとしたが、先生は「静かに！　彼に教えるな！」とそれを遮った。ジェイムスは泣き始め、涙がページを濡らし、何度拭いても後から後から湧き出て本の上に落ちた。クラスメートの目が、読めない文字にもがく彼をじっと見つめていた。最後に先生は「もういいでしょう！」と言った。

ジェイムスは机に伏せて両腕で頭を覆い、自分以外の世界を自分から閉ざすかのような格好をした。クラスメートが自分の泣くのを見ないようにしたかった。ジェイムスは恥ずかしく腹立たしかった。「なぜ先生はこんな風に自分を扱うのだろう？　逃げ出したい！　家に帰りたい！　登ることができない教育の山から離れていきたい！」

このことがあって以来、先生はジェイムスを一人にしておくようになった。

〈四年生〜五年生〉

この時代は、どんな成績の子でも留年させることはしないスクール・システムだったので、ジェイムスは四年生になることを許された。四年生と五年生の頃の記憶は、ジェイムスの中で混ざり合って留まっていた。その記憶は、それまでと同じく読みに葛藤する苦しいものだった。このときの先生は読めない生徒を居残りさせ、読めるクラスメートに一対一で教えさせた。その場所は低学年の子供たちが通って帰る廊下であった。教えられているところを彼らに見られたジェイムスは、ここでもまた自尊心をくじかれていった。

ある夜、ジェイムスは父親に呼ばれた。「お前は学校でうまくやれていない。何とかしようという気はないのか？　もっと勉強しなさい。」ジェイムスは「何とかしたいと思う」と答えた。しかし、実際にはなんともできないことを知っていた。ジェイムスはあきらめていたのである。五年間学校にいて、彼は自分の「学び」の力を出せないでいた。このとき父親に何とかしたいと言ったことは、彼の父親への生まれて初めての嘘だった。なぜならもうあきらめていたのだから。

〈六年生〉

六年生は、ジェイムスが自分自身について非常に興味深いことを発見した年だった。ジェイムスはクラスメートの誰よりもうんと力が強いことを発見した。休み時間の腕相撲コンテストや雪積み競争などでそれは立証された。ジェイムスは運動場では誰も彼に敵う友人はいないことがわかった。それ以後、シスターたちが重い物を持ち上げることができないとき、彼がその役を引き受けるようになった。ジェイムスは自分の先の人生を思うとき、肉体労働のみが自分の職業に相応しいと感じ始めた。自分の人生における多くのことは、六年生のときに設定されたと思いもした。

〈七年生～八年生〉

七年生が始まった秋、ジェイムスは学校中で最も厳しいと噂されるシスター・ドロシー先生に受け持たれることになった。ある日の図書館学習の時間に、内容が易しくて、厚くなくて、面白い本をジェイムスは探していた。するとドロシー先生が来てジェイムスに、「あなたの能力以内で読める本を見つけるべきだ」と言った。そして低学年の児童に適した本が並んでいる棚に行き、少々子供っぽい、動物について書いてある本を取りだした。ジェイムスは、誰も先生を見ていないことを（特に低学年の子供たちが）願った。ジェイムスは先生が彼の読みレベルに合わせて、一、二年生向きの本を選んだことに狼狽した。その本を出して先生は「これどう思う?」と聞いた。ジェイムスは「ぴったりです」と答えて、腕の下にそれを隠すようにして図書館を出た。誰も自分を見ていませんようにと祈りながら。

美術のクラスである日、宗教のシンボルを作る時間があった。ジェイムスは、三人の王とキリストを表現する三つの王冠の形と星を描いた。みんなが作品を出し終わったとき、ドロシー先生は全部に目を通して、優れていると思われる作品を二、三枚選んだ。彼女は、どれが誰の作品かを知らないでいた。その中からジェイムスの作品を取り出して、「これはなんと優れた作品でしょう。今まで見た中でのベストな作品だ」と言った。そしてクラスのみんなに見せて、「これは誰の?」と聞いた。ジェイムスは手を挙げて「僕のです、先生」と答えた。先生は驚いて、彼を見て言った。「そうなの、ジェイムスなの、とてもよくできたわね。」

この作品が返されたとき、用紙の裏にAと書かれていたのが×で消されてBに変えられていた。ドロシー先生はどんな種類の学習でも、彼がAをとる能力はないと確信しているに違いないと思った。たとえそれが、読み書きの学習とはまったく違った分野であってさえ、先生はそう思っている。大きな怒りがこみ上げてきた。あの作品は今までに表現できなかったような、彼にとってもベストな出来映えだった。ドロシー先生は、ジェイムスがAの成績をとる能力はないと信じていると繰り返して思い出し、彼は幻滅と屈辱に打ちのめされていった。

先生はジェイムスに学校での肉体労働だけを期待し、このことでは誰よりも自分の助けになるという言い方をした。読みの時間は先生が読むか、読みたい生徒が読むようにしたので、この年、彼はクラスのみんなの前で読むことを要求されることはなかった。

同じ年の冬、クラスメートの一人が火事で死んだ。火事が起きたとき、たまたまそのクラスメートの弟だけが家の中にいた。クラスメートは弟を捜すため燃えさかる家の中に入り、ひどいやけどを負って一週間後に死んだ。クラスの全員がお葬式に出たが、冷静で感情的になる者はいなかった。しかし、ジェイムスはそのクラスメートではなく自分が死ぬべきだったと感じて、沈んだ気持ちになった。なぜなら自分には将来への希望は何もなかったのだから。

この年は、カソリック教区の学校に通う最後の年だった。シスターたちは、ジェイムスに公立の学校に行くように説得した。ジェイムスは読めず、書けず、綴れなかった。彼の生活は、テレビの前でポテトチップスを食べることだけで過ぎていった。そして、彼の一番の友達は家で飼っている犬であった。

家族と親戚の人たちはみんな、ジェイムスの成績が悪いことを知っていた。それで親戚の者が集まって食事などをし、兄弟や従兄弟たちが自分らの成績や大学への将来的プランについて話をしているとき、彼は食べ物のいっぱい乗ったお皿をもって、部屋の隅で一人静かにしていた。夏が終わって秋にやってくる公立学校のシステムのことを思うと、ジェイムスは不安でいっぱいになるのだった。

八年生の最後の日に、ジェイムスが表彰されたことも付け加えねばならない。シスターのナンシー先生は言った。「学校で私たちができない仕事を助けるために、多くの時間を費やしてくれた生徒がいる。この人は、一年中私たちの手助けをしてくれた。ここに彼への感謝を込めてスクール・サービス賞を贈ります。」ジェイムスは嬉しかった。八年間の学校生活で受けた初めての賞状だった。やっと、自分にある能力を認識することができた。この賞状は彼にとって非常に大きな意味があった。彼はこのときもらったバッジをコートの襟に数年間も付けていた。

〈ジュニア・ハイスクール〉

公立のジュニア・ハイスクールに入る前に、そこの生徒たちは自己防衛のためにナイフやかみそりを持っているとシスターから聞いて、ジェイムスは学校に行くのが恐かった。しかしシスターたちは、公立学校はカソリック教区の学校よりもレベルが高いから頑張るようにと彼を励ましてもいた。

ジェイムスの最初のクラスは作業や工作（ショップ）だった。成績が良いと外国語のクラスを選べて、成績が悪いとショップのクラスになる。これはできる生徒とできない生徒を差別するものだった。ショップ・クラスの生徒は卒業後に就職するように訓練され、外国語クラスの生徒たちはカレッジに行くように訓練されるシステムになっていた。ジェイムスは再び、自分の人生は一四歳で決められたと感じていた。

ショップ・クラスは生徒でいっぱいだった。教師は機械の使い方を学ぶことを要求した。しかしジェイムスは、大工仕事のようなことは日頃から父親と一緒にやっていたので、機械の使い方などは知っていたから、その授業には失望してしまった。教師はテキストを読むようにと言って、自分のオフィスに入ってしまう無責任さだった。そんなクラスだったけれど、ジェイムスは読めないところはとばして、絵を見て書き手の意図を探ろうとまじめに取り組んだ。

次のクラスは数学で、教師はこのクラスに不満を抱いていた。その教師はあからさまにこのクラスは成績の悪い者の集まりだ、勝手な行動は慎むようにと言い、自分が一年中この数学のクラスを受け持つと権威的に話を続けた。そして、自分のベストを尽くして数学の勉強をさせると言った。それから、最初の教師と同じようにテキストを配り、質問と答えの流れに沿って、「チャプター1」を復習するようにと言った。さらに、読んだことをノートに書くようにと言い、自分の机に戻って書き物を始めた。

午前の最後のクラスは社会科だった。この教師もテキストを配ったが、先の二人とは違って、最後まで生徒とともにいてクラスをおもしろくし、良い生活態度でいるようにと言った。ジェイムスはこの先生の言うことは全部理解できた。「一年中そして全コースがこの教師のようにあって、自分のような生徒も受容され、積極的に評価されれば、自分はもっと多くのことを学ぶことができるだろう。このクラスでは自分はとてもよくできている」と彼は感じていた。

英語のクラスの教師は、「このクラスは、私の今日のクラスの中で、最も学習能力が低いクラスだ」と言った。そして一年間で四冊の本を図書館で借りて読み、感想文を出すようにと言った。この読書と感想文の二つの課題を出されて、彼は胃が痛く不愉快になった。

科学のクラスの教師も最初の教師と同じく、テキストを読むように言うと、自分の机に戻って座ってしまった。

バスで家に帰りながらジェイムスは、シスターたちが公立学校は子供たちがナイフやかみそりを持っていると言っていたのは、偏見だと思った。けれども彼はクラスメートや教師からのけ者にされることがこわくて、自分のLD状態は隠しておく必要があると感じていた。授業中居眠りをしたり、質問をしないでいると本を読まされるので、真面目に授業を受け質問もよくした。そのようにして、ジェイムスは抜け目のない聞き手になっていったのである。

学校でのジェイムスのエネルギーのすべては、各場面で適切な行動をすることと、他の生徒に紛れ込んで目立たないようにすることに費やされた。

成績表をもらう日がきた。ジェイムスは誰にも見られないように、成績カードを教具入れの真ん中辺に紛れ込ませた。誰かが成績について聞くことを彼は非常に恐れた。他の生徒たちは、楽しそうに成績表を交換して見せ合っていた。すべての授業が終わってからジェイムスは成績カードを取り出した。そっと見たら体育以外はすべて「D」であった。彼はまたもや学びの場から逃げ出したいと思うのだった。

帰りのバスの中で、一人のクラスメートがしきりにジェイムスの成績表を見たがった。

どんなに断っても、その子はしつっこく見せろと言った。しかたなく見せたら、それをじっと見つめ、「なんだこれ」と言って突き返した。それ以後ずっと、その子が彼に話しかけることはなかった。ジェイムスは自分のLD状態で一人の友人を失ったと感じた。自分のことを知ったら、他の子供たちもみんな自分を捨てるだろうと恐れた。

低成績が理由で、彼は、カウンセラーの面接を受けるように手配された。カウンセラーは「読み」に問題があるかどうかを調べるためのテストが必要だと言った。その後すぐにジェイムスはそのテストを受けた。その結果、ガイダンス・カウンセラーは彼に「君は読みに問題があるね」と言った。そして、読み担当のエンダー先生が紹介され、社会科の時間に読みのクラスに行くことになった。そこは倉庫を改造したようなところで、一二人の生徒がいた。そのクラスは、できない子供と他の国から移民できた子供たちで構成されていた。エンダー先生は情熱的で、できない子供たちをうまく教えるように見えた。このクラスでは、ジェイムスは今までのようにうろたえたり脅えたりする必要はなかった。

エンダー先生の主な読みの指導法は、短い物語を黙読させ、質問と答えを用紙に記入させ、それを読ませるという先生が独自で開発したシステムだった。このシステムは、英語の発音ができるか、視覚で文字を識別することに問題はないかを見るものだった。生徒全員が読みの状態を改善するために、さらに多くの本を読むことが要求された。

学期が過ぎていき、ジェイムスは他の生徒に紛れて「できなさ」を隠すことがうまくなっていった。みんなの前で読む番が回ってくる前日に、彼は読むことを指定されたページに目を通し、すべての言葉を記憶する。発音は母親や兄に教えてもらう。次の日、教科書を見て読んでいるようにみせたが、実は前夜覚えたことを暗唱していたのであった。

その学期も終わり、ジェイムスは無事に次の学年に進級することができた。

〈一〇年生〜一一年生〉

これらの学年の記憶は混ざり合っている。

再びジェイムスは、読みのクラスと工芸のクラスをとるように言われる。それらは大学進学へのクラスではなかったが、工芸には興味があった。一方、読み能力は相変わらず一向に進歩しなかった。

一六歳になったジェイムスは放課後、近所の八百屋のアルバイトをすることになった。彼は自分に八百屋をする能力があることを知り喜んだ。それで、学校を辞めてフルタイムで働きたいと申し出たが、店の方針で、高校の卒業証明書がない者はフルタイムでは働けないと言われた。

一〇年生から一一年生になる間の夏休みに、ジェイムスは人生を変えるかもしれないある決心をすることになった。上の兄が、ミネソタ州立病院の精神遅滞者のためのボランティアをすることを彼に勧めたのである。それは、ミネアポリスにあるカソリックの青年部組織の活動の一部だった。

面接をして合格したとわかったとき、ジェイムスはとても驚いた。というのは、何かに適していると誰かに評価されたことは初めてだったから。それはショックに近い驚きだった。

三週間のボランティア体験で、ジェイムスは自分には力仕事以外の能力があることを知った。そして精神遅滞の人たちの世話をする仕事につくために、大学へ行きたいと思うようになったのである。

〈高校の最終学年〉

最終学年に入る前の夏休みの前半、ジェイムスは前年にボランティアをした州立病院で精神遅滞者のために働いた。夏の後半は、ケンタッキー州のアパラチアン地域の病院で働いた。ここでの体験で彼は、大学に行って学位をとって、この地域に戻って人々を援助したいと真剣に思うようになった。

夏が終わって再び学校が始まった。ジェイムスは、自分のLD状態を友人や教師に隠すことに最大の努力を払った。

高校が終わったらどうするか？　選択は限られていた。大学、短大、技術学校に進むか、あるいは軍隊にリストするしかない。ジェイムスは大学に行く計画を持ち続けたかったが道は遠かった。進学前のこの時期、学校は能力テストと興味テストを実施する。彼の興味テストは大学への高い興味を示したけれど、能力テストと過去の成績はまったく逆の数値を示した。ガイダンス・カウンセラーが、高校卒業後どうするかを彼に聞いた。彼はミネソタ大学に行き、ソーシャル・ワーカーになりたいと答えた。カウンセラーは彼の成績表を見て黙り込んだ。

ジェイムスのもう一つの選択は技術学校だった。翌日地方の技術学校のパンフレットを手に入れた。そこに職業セラピー・アシスタントのプログラムがあった。彼は州立病院の経験でこの職業のことを知っていた。もしかしたら、これは自分の興味に適っているかもしれないと思い始めた。そして、母親にスペルなどを見てもらって願書を書き、志願の準備をするのだった。

数日後ガイダンス・カウンセラーに会うと、ジェイムスが技術学校を選んだことを喜んでいた。技術学校は、大学よりも彼の能力レベルと過去の成績に適っていると言った。それから数日後、ジェイムスは職業セラピー・アシスタント・プログラムのディレクターから面接をするという電話を受けた。面接後、「プログラムには合うだろうけれど、高校の成績が良くないので、大学レベルのクラスについていけるかどうか心配だが、これから成績を良くしていけばよい」と言われ、ジェイムスは自分にできるかどうかと不安になった。

高校卒業の一週間前、技術学校から手紙が来た。ジェイムスは手紙を開封するのが恐かった。将来のすべてがその手紙に封じこまれているような気がした。やっとの思いで封を切ると、そこにはジェイムスが「職業・セラピー・アシスタント（OTA）プログラム」に受け入れられたことが書かれていた。喜びと同時に、次の心配が彼の心を覆った。「自分にできるだろうか？」しかし今はことが無事に運び、友達や親や親戚に合格の報告ができ、将来への見通しがついたことだけは明らかだった。

〈技術学校（テクニカル・スクール）〉

技術学校に入学してからジェイムスの社会生活は膨らんでいった。それは自分がギターを弾けるからだと思った。さらにこの時期初めてのデートもした。勇気を奮い起こして一人の女子学生をコンサートに誘い、受け入れられたとき、ジェイムスは自分が異性の注意をひけたことを喜んだ。この最初のデート後、彼女からもう行かないと断られたにしても、とにかくこれが彼の社会生活のスタートだった。

技術学校の大部分は職業に就くための訓練教育だった。三つのセンターで三種類の職業を体験する実習教育があった。最初の実習は精神科の通院治療プログラムだった。ジェイムスはこの仕事はうまくできた。なぜならほとんどが口述で交流する内容だったのである。ジェイムスは良い成績を得て、そこの職員らは彼の洞察力と直感力の良さに好感を持った。また、患者らはジェイムスが若干一九歳であったことに驚いた。この場所でずっと働けたら、彼は秀れた仕事ができると思った。しかしあと二つのコースが待っていた。

二番目の実習は大きな都市病院で行われた。そこでは医療用語の勉強をするため、読んだり書いたりすることがかなりあった。ジェイムスはパニックに襲われ、精神科のクリニックに自分が患者として入ることになるような気がした。最初の課題はいくつかの単元を読んで、短いレポートを翌日提出するというものだった。

パニックの感覚は、追加で読みの課題が付け足されたときにさらに強くなった。それは毎日、患者のリハビリテーション記録簿を読んでまとめるというものだった。ジェイムスは学校に電話をして、このプログラムを止めたいと申し出ようと思ったが、かろうじて記録簿を置いてある場所にたどりついた。自分に当てられた患者のページをめくると、書いてあることがワイヤー・ロープのように絡まって一つになっているように見えた。しかしやらねばならない。

ジェイムスは記録簿を読みながら段落ごとに要点となる言葉を拾っていった。そして、段落ごとに書き手の意図することを読み解こうと試みた。数ページやると頭が痛くなったが、内容は理解できた。ジェイムスは自分の文章に書き手が使ったのと同じ用語をいっぱい使い、単語の綴りを正しく写し取った。これは一般の学生には二〇分で済む課題だったけれど、彼には一時間半もかかった。この努力が考慮されれば、成績はAのはずだとジェイムスは思ったが、その課題を提出すると、綴りと文章構成のまずさを指摘され、その日の終わりにCの評価が付いて戻された。彼は気落ちするとともに、激しい疲労を感じた。その夜は他のすべての課題を終えるのに明け方までかかった。

翌日、課題を提出すると、担当の教師は「君はこの課題に時間をかけなかったね」と言った。ジェイムスは「はい」と答えざるを得なかった。戻ってきた用紙にはやはりCがついていた。彼はこのプログラムを終えることは不可能だと感じた。

この後すぐ、ジェイムスは患者と関わることを許された。教師はジェイムスが患者とたやすくラポール（良好な関係）をとることができることに驚きを隠せなかった。ジェイムスはやっかいな患者をあてがわれたときも、すぐにラポールをとることができ、患者のリハビリテーションの可能性を引き出すポイントを指摘し、職員らの驚きをさらに大きくした。彼は「自分はなぜある分野は非常に弱く、他のある分野は非常に優れているのか」と不思議に思うのだった。

この実習が終わる一週間前に、ジェイムスは他の職員が手に余していた訓練用具の修繕を簡単な道具を使って直してしまっていた。このこととラポールのうまさで彼は総合成績を上げて、この実習が終わった。

三番目の実習は、以前にボランティアをやったことのあるミネソタ州立病院で、精神遅滞の大人や子供たちの世話をすることだった。自分より先に来て実習をやっていた学生は、患者との関わりにストレスを感じてこの実習を落としていた。しかしジェイムスは慣れていることもあって何の問題もなかった。ペーパー・ワークは前の二つの実習に比べて少なかった。

このプログラムの最後の試験は、幸いにも言葉でのプレゼンテーションだった。それで総合得点でジェイムスは合格し、国の機関から職業セラピー・アシスタントの免許証を受けることができた。

〈最初の仕事〉

ジェイムスは就職の段になって「必要」と「要望」は異なる言葉だと悟った。職業セラピー・アシスタントの免許証は必要だと言われたので取ったが、それを要望される機会は非常に限られていたのだ。

ジェイムスは履歴書と志願書を常にフォルダーに入れて持ち歩いていた。志願書の最後のページはどれも文章を書くようになっていて、言うまでもなく彼には志願書を完成させることが難しく、面接で落ちていたため、それをいつも持ち運んでいたのであった。

時は瞬く間に過ぎていき、ジェイムスが技術学校を出て一年が経っていた。彼はなかなか仕事に就けなくて焦っていた。そんなとき、地域の障害者のためのバス会社でパート・タイムの仕事を得た。それは学期限定で障害のある学生をバスから乗降させる仕事だった。その仕事が終わると、ジェイムスは何もすることがなくなってしまった。友達もなく、仕事の志願は常に断られ、彼は次第に酒を飲むようになっていった。世界は彼にとって不公平にできているように見えた。周りの人たちは、誰もジェイムスに関心を示さなかった。たまにパート・タイム労働でお金が入ると酒を飲んでしまった。家に帰ると大きなサンドイッチを二つ食べ、六本のコカコーラを飲むという生活が続き、常に気分が悪く、彼は急激に太り始めた。

しかしジェイムスは音楽だけは続けていた。うまくギターを弾くように自分自身に言い続けて練習に励み、腕前もプロ級になっていった。たまにそこかしこのナイトクラブや喫茶店で弾き語りをするようになり、少しだがお金を稼ぐようになった。

そんなとき、ミネアポリス新聞にウィスコンシン州の職業セラピー・アシスタント募集の小さな広告を見つけた。予約をとって二度の面接をして、驚いたことに採用された。やっと職業にありつけたのだ。二週間後、ジェイムスは少ない友人たちと別れて住み慣れたミネアポリスを後にした。高校の卒業記念品のスーツケースにわずかなものを詰めて、数冊の本とギターを持って、地方の町に寝る場所を確保した。

新しい勤め先のセンターの患者は精神遅滞者、精神病者、化学物質中毒者の三種類に分かれていた。これらの患者と関わることは、他の人にとっては悪夢かもしれないけれど、ジェイムスにとっては専門分野を生かすための挑戦とチャンスであった。

指導監督官はジェイムスのラポール能力を喜んでくれた。非常に引っ込み思案で誰とも交流ができない患者でも、ジェイムスとはすぐに話を始めた。彼は自尊心を築き始め社会生活を広げていった。

年末の休日シーズンになって両親の家に兄弟が集まった。そのときジェイムスは兄から、兄の友人が「読み、書き、綴り」治療をする個人教授を受けたということを聞いた。その先生はウィルソン・アンダーソンといった。ジェイムスは予約をしてアンダーソン先生に会い、テストを受けた。その翌日電話があり、「教えてもよい」と言われた。ジェイムスが「自分の年では遅すぎないか」と質問したら、先生は「どんな年齢であっても遅いということはない」と答えた。今後一生涯惨めな読み手、書き手、綴り手を続ける自分を思ったとき、ジェイムスはすぐに個人教授を受けたいと申し出た。

それまでずっとLD状態を隠し続けてきた自分が、今回はそのことに直面しなければならない。ジェイムスは非常に不安だった。アンダーソン先生はジェイムスに「君は何が問題だと思うか」と聞いた。ジェイムスは「綴りです」と答えた。「それは読むことと書くことに比べてさらにできないということ？」「はい。」ジェイムスは非常な恥ずかしさと、読みたいのに読めないという欲求不満を感じた。すると、アンダーソン先生は「君はおそらくこのすべての状況について、非常な恥ずかしさと欲求不満を感じているでしょう」と言った。アンダーソン先生はまるで彼の心を読んでいるかのようだった。「どれくらい前にこのことに気づいたのか？」とアンダーソン先生は聞いた。「学校に初めて行った日からです」とジェイムスは答えた。「そうか、私はこれから君に君の生きてきた中で最も困難なことをさせるよ。私に本を読んで聞かせてほしい。君を困らせるためではない。君がどれくらい読めるのか知らなければならないからね。」ジェイムスは納得して読み始めた。過去からの当惑と欲求不満が一気に自分を襲ったような気がした。そんなに長くは読まなかったのに、本の全ページを読んでいたかのように感じた。間違った発音で言葉を読んでいる自分の声が信じられなかった。あるところまできたらアンダーソン先生が止めるように言った。

短い評価のあと、アンダーソン先生は「君は高校を卒業したの？　技術学校は？」と聞いた。「はい」とジェイムスは答えた。「率直に言うと、君がどうやって高校を卒業したのか想像もつかない。それは君にとって地獄のような毎日だったに違いない。」「そうでした。」ジェイムスは救われた思いがした。ついに誰かが自分の苦しかった学校時代のことを認めてくれたと思った。

「その時期、君の両親はどうしていたの？」

「知りません。」

「お兄さんかお姉さんはいるの？」

「兄が。」

「彼は君を手助けした？」

「いくらか。」

「君は自分がディスレクシアだということを聞いたことがある？」

「はい、けれど、文字がひっくり返って見えたことはありません。」

「それはディスレクシアを示す一つのしるしにすぎない。いろいろな状態がある。ディスレクシアはＩＱの高い人々に起きる。理由は明らかではないが、『読み、書き、綴り』

に問題がある状態だ。今までに誰か、君が非常に高いＩＱを持っていることを言ってくれた人はいる？」

「いいえ。」

「君はそれを信じる？」

「いいえ。」そんなことはありようがないので、ジェイムスがふきだしてしまうと、「君は笑っている。なぜなら、君はそれが事実だと知っているからね。」とアンダーソン先生が言った。

「けれど、ぼくはそれを知りません。」

「たぶん君はいつかそれを知るだろう。とにかく君の読みのレベルは小学三年生のものだ。すでに言ったけれど、私は君の状況を改善することを約束するよ。」

ジェイムスは個人教授の予約をとった。

帰途、ジェイムスの思いは否定と肯定が入り混じっていた。「ぼくは今よりうまい読み手になれるか？　無駄な時間を過ごすのではないか？　長年読みのクラスをとって、いまだにうまい読み手ではない。が、おそらく、今度は自分の読みと書きの能力は変わるかもしれない。そしていつか大学に行けるかもしれない。」

最初の授業でアンダーソン先生は言葉カードを取り出し、「これらの文字を知っている?」と聞いた。「知ってますよ」と答えると、「君が知っていることを私は知っているよ。けれど、どう発音するか知っているかね?」

アンダーソン先生は母音の文字「A、E、I、O、U」を取り出し彼に発音させた。「e」じゃない「eh」だというように修正されながら、ジェイムスは母音の音を記憶していった。それから他の組み合わせの文字の発音を修正され、練習を繰り返していった。

最初からジェイムスは戸惑ってしまった。「自分は英語の文字がつくる音さえ知らなかったんだ。」アンダーソン先生は彼の心の状態を読みとり、「君は戸惑っているけれどその必要はない」と励ますのだった。

ジェイムスの「読み、書き、綴り」の状態は、わずか数週間、数か月の教授で上達を見せた。最初の数か月は厳しい指導だったけれど、次第に適切な厳しさになっていった。新聞はジェイムスにとってなにやら面白い友人になった。以前は文字の羅列でしかなかった紙なのに。この変化にジェイムスは、将来「読み、書き、綴り」を必要とするポジションを持てるかもしれないと思うようになっていった。

ジェイムスの読みのレベルが向上していくと同時に、他の状況も改善し始めた。作文のスペルのミスに気づき、辞書を引いて直すことができるようになったし、新聞や雑誌の記事を読むのが面白くなった。読むことに興味を持つようになってから、彼のセルフ・コンセプト（自己概念）は高まり、友人関係も変化していった。支配的だった古い友は去り、新しい友との良い相互関係が芽生えていった。暴飲暴食をすることもなくなり、体重も減っていった。この変化は一時だけのものではなく、数か月、数年と続いた。

アンダーソン先生との日常の会話や、非公式または公式な治療のセッションを通して、ジェイムスは自分自身が変わっていくのがわかった。アンダーソン先生は、疎外感や欲求不満や、怒りや渇仰の感覚にうまく適応できるようにジェイムスを導いていった。

ジェイムスが八年生の読みレベルに達したとき、アンダーソン先生は「自分には君にこれ以上の進歩をつくることはもうできない。これからは、君自身が読むことを続けるしかない」と言った。最後のセッションでアンダーソン先生は「君のような優秀な生徒に会ったことはない。君はきっと成功するだろう」と言った。ジェイムスが「先生はみんなにそう言っているのでしょう」と聞くと、「ノー」と切り返された。

ディスレクシア、それ自体は今日も彼の生活に判然と存在する。ジェイムスは読んだり書いたりすることに友人たちよりも多くの時間を費やす。しかし彼の想像力はいぜんとして強く、問題解決や新しいプログラムの創造やアイディアを出すことに能力を発揮している。過去に戸惑っていたような場面では、いまや人を喜ばせたり気軽な会話をしたりして、多くの友達を作るように変わっていった。ジェイムスの生活の状況は改善され、人生は向上に向かった。

〈結論〉

ジェイムスは大学に行き大学院まで進む。そこでディスレクシアについての研究を始めた。

ミネソタにあるセント・メアリー大学の大学院で、ジェイムスはLDの人々の心の様子についてのリサーチを計画した。この研究で手がけたことは「セルフ・コンセプト」の問題だった。LDの子供たちや思春期の人たち、そして若い大人たちにセルフ・コンセプトについて尋ねると、ほとんど全員が「セルフ・コンセプトって何のこと？」と反応した。「セルフ・コンセプトとは、自分が自分をどのように見ているかということだ」と彼は答える。

自分のLD状態に肯定的にかかわるか、否定的にかかわるかによって、その人のセルフ・コンセプトのあり方が決まる。自分はディスレクシアを乗り越えることができるというプラスのセルフ・コンセプトか、どうにもできないというマイナスのセルフ・コンセプトか、それによって人生も変わる。

ディスレクシアの人々の心理的様相について、ジェイムスは研究を進めていった。そして読者にディスレクシアについて彼の観点を紹介し、この自叙伝を終わらせている。

(1) ディスレクシア状態には、中枢神経系のシステムに問題となる何かが存在する。

(2) その問題は成長と学習の準備《レディネス》に結びついている。

例えばある子供たちは六歳で学ぶ準備ができ、他の子らは九歳でそれができるようになるというように、人々はそれぞれに異なるスピードで成長していく。ところが学校のシステムは、人間は誰もが同じ時期に同じように成熟し、同じ時期に全員が読む能力を備えていることを期待して構成されている。もし誰かが読書のあとにその本の基本的な内容を記憶していなければ、その人はLDと言われることになる。

(3) 人々は異なる方法で学習する。

例えば視覚力によって学ぶ人もいるし、聴覚の強さで学んでいく人もいる。学校教育で一つの学習方法だけを提供して成績評価を下すのは間違っている。

(4) LDのために家族との関係がうまく築けず、情緒不安定になる人がかなり存在する。

(5) 英語は複雑な言語であり、多くのルール的例外があって学びにくいことが、ディスレクシアに大きく影響する。

(6) LDという概念は必要ない。

社会はあまりにも「読み、書き、綴り」に重きを置きすぎる。高校卒業時に全員がバイオリンを弾くべきで、もしバイオリンを弾けなかったらLDだといっているようなものである。「読み、書き、綴りができないからLDである」などという規定は必要ない。

この本を書くことは、自分にとってセラピーを受ける以上の意味があったとジェイムスは述懐している。そして次のようなコメントを関係者に贈る。

「誰かが期待するような成績を出さないとき、ただ単に『もっとがんばれ』と言うだけではなく、他の解決方法を考えてあげてほしい。LD状態があったとしても、忍耐と愛情と心からの助力があったなら、その人は学んでいけるのである。LDの人が自分自身に好ましい感覚を、肯定的なセルフ・コンセプトを持つように関わることから始めよう。」

言語の特別教育を受けた日系アメリカ人太郎

アメリカのスペシャル・デイ・クラスの実際を知人の息子、太郎（仮名）の経験を通して知ることができた。このスペシャル・デイ・クラスのあり方は、学校教育の個別教育計画として参考になるものなのでここに紹介したい。

太郎は取材当時（二〇〇二年）一五歳であったが、現在は一九歳になっている。太郎の母親が私に彼の資料を提供してくれた。

太郎の父親は日系三世で、日常生活においては英語が主体であるが日本語も話す人だった。母親は日本から嫁いできており、日本語が母国語で英語は苦手な人である。父親は数年前に、心臓発作で亡くなった。太郎には二人の兄がいて、三人ともアメリカン・スクールで教育を受けた。母親は子供たちが小学校に入る前に日本語の読み書きを完璧に教えたそうだが、大きくなった三人は英語が主体で、日本語は母親と話すだけのものになっていた。

しかし、兄たちと違って太郎には英語学習力に問題があった。兄二人はアメリカン・スクールでギフテッド（成績優秀児）として優秀児の特別教育を受けたが、太郎はスピーチ・言語スキルの獲得に欠けるものがあるとして特別教育を受けた。三人とも同じやり方で日本語と英語の要素が入って、太郎にだけ問題があるということは、そこに神経学的な要因があると考えられた。

ここで紹介するのは、知恵遅れでもなく言語障害のある子供でもない太郎が受けた、公立学校教育のサービスの一端である。

〈初等教育〉

小学校に入る前から母親は、太郎が兄たちに比べて言葉が遅いと心配していた。案の定、入学時の検査で「言語の受け取りと表現」において、言語スキルに遅れがあると診断された。特に「言葉の習得、聞いたことを記憶にとどめること、正しい構文で話すこと、意味を捉えること」において課題を示し、スピーチ・言語スキルに問題のある生徒として、特別教育を受ける適格者であると判断された。そして公立学校のスペシャル・デイ・クラスに参加することになった。

太郎はこのデイ・クラスで二年間のコースを終了して、言語課題に関して進歩が見られたという記録がある。言語面での問題点と同時に、学習の取りかかりが迅速でないことも問題とされていた。一方、数学、スペリング、歴史、科学、体育、音楽などはよくできる生徒であったということが記されている。

三年生になると「出された課題を時間内に終わらせること、授業を注意深く聞くこと、教師の指示に従うこと」などに問題点があることを指摘された。

太郎は五年生になってもスペシャル・デイ・クラスへの参加は続けたが、数学、科学、社会、体育、音楽、美術、昼食、休み時間、ホームルームは普通学級が適切であると判断されたので、これらについては通常の学校生活を送った。担任の記録によると、太郎は言語教科に比べて計算能力、機械的記憶が優れているとされ、平均レベルの成績がつけられている。スペシャル・デイ・クラスの担当教師も太郎は数学ができることと、詳細な描画を楽しむことに言及している。そして読解と作文と口述表現が苦手なことや、クラスの決まりきった仕事の始まりの合図に、視聴覚によるサイン（鈴音や笛、色カードなど）を使わねばならないことを記録している。

太郎は学校について聞かれると、必ず「大好き」と答えたそうである。特に数学、朗読、スペリングが好きで、難しいと思うことは読み取りと作文であった。それについて本人は、もっと勉強したいという感想を述べていた。五年生のこの年、視覚と聴覚検査に標準値で合格したことが、学校医によって報告されている。

〈担当教師による行動観察〉

太郎は静かで、まじめで、協力的で、ハンサムな少年である。

彼は学習するときには注意深く集中してやろうと臨むのだが、言語的な表現が要求されると、机に伏せたり、よそを見たり、髪の毛をいじったり、腕を掻いたり、吹き出物をさわったりして落ち着かなかった。それらの行為は、太郎の言語学習への不安を暗示しているようだった。言葉で自分の考えや思いを表現することは、作文でも口述でも容易ではなかった。聞き取りが苦手で、教師の話を何度も聞き返し、聞いたことを繰り返して自分の言葉にしていた。

また鉛筆の持ち方がぎこちないために書くのが遅く、そのためにクラスでの作業が遅れ、友人に白い目で見られるとき、太郎は神経質な笑みを浮かべて悲しそうな表情をした。

言語治療担当の専門家も、太郎が言葉の応答がスムーズにいかず会話の流れに乗れないとき、机に伏せるようにしていたことを記録している。

そのように「できなさ」から起きる心理的様相は目立つものであったが、人間関係は良好であった。ある日の休み時間に、彼は二人の少年と三人でベンチに座って、集めたカードについて一枚一枚の内容を楽しそうに話しあっていた。そこへ四人目の少年が近づくと笑顔で仲間に入れてあげ、友好的であった。多くの友達に好かれる太郎は社会性に問題はなかった。

休み時間が終わると太郎は急いで教室に行き、教師の指示にしたがってテレビを見るために席に着く。テレビを見ている間、彼は何かのカップを手の中でいじりながらも、ほどよい注意力と集中力を映画に向けて、友人と一緒に面白い場面で笑ったりした。

心理学者による注意力の検査（アテンション・スケール）で、ＡＤＤがあると診断されたが、担任は太郎の行為について、不注意、多動、衝動ともに平均的であると評価していた。ＡＤＤのように見えるものは、言語問題からくるものだと担任は捉えていた。言われたことの多くを聞き取っていない理由で、一斉行動にしたがえないこと、あるいは重要なレクチャーへの持続的注意を怠ること、聞くことを要求される活動に失敗すること、話す内容を繰り返し伝えなければならないことなどをもって、ＡＤＤであるというより、言語スキルの問題による行為だと捉えたのである。

担任は太郎が話をしていて「たびたび語間をあけること、話す内容を忘れること、自分がどこにいるかを知っていないような様子があること」なども記録している。スペシャル・デイ・クラスの教師もまた、太郎が話すとき「語間をあけること」を記録していた。

〈各種の検査〉（初等教育三～四年生時の検査）

［知能テスト（WISC－III）］

このテストの結果、認知力の機能は常に平均内の結果であった。信頼性のあるものとして、太郎の認知能力は低平均から平均の範囲にあることが示されている。言語能力は境界線レベルで、言語を使わない動作性テストの結果は高レベルの平均範囲にいつも収まっている（前回のテストでもそうであった）。

［K-ABCテスト］

これは認知力をはかるテストである。結果は平均以上のスコアであった。言語性検査で、太郎は「数学的判断」に強さを示し、弱さは、「長期の記憶」と「語いの知識」「知識を使う社会的判断」に示された。

追加的なテスト、ウッドコック・ジョンソン＝リバイズド（読みと数学と書き言語における能力検査）の結果と学業成績間の差はなかった。

ベンダー・ゲシュタルト・テスト（視知覚の検査）のスコアは、太郎の暦年齢一〇歳（このテストを受けたときの実年齢が一〇歳）に対して、一〇歳の視知覚レベルを示し問題はなかった。

図形模写については、手指の運動スキルは良好で問題はなかったが、人物画の描写で計画的・組織的な作業にまずさが示された。太郎は画面に大きな顔を描くことから始めたため、身体全体を描くにはスペースが足りないと後になって気がついた。画用紙を与えられて作業をするとき、全体の見通しを立てることに気が回らないようであった。この絵について心理学者は、「大きい顔は自分についての雄大さや過度の幸福感を示し、広い肩は自分にあるパワーの可能性や、自分にはできない戦闘的な行為を補償する感覚を示唆している。そして口の小ささは、自分のスピーチの流暢でないことを示していると判断する」とコメントしている。

〈社会的、情緒的発達〉

スペシャル・デイ・クラスの教師は、「太郎はよい性格で、協力的で、静かな人柄で、教師の手伝いをよくしてくれる。そして教師の予定が急に変更しても柔軟さがあり、他人の感覚に敏感で学校生活によく適応できている」と述べている。普通学級の担任も、太郎は学校で問題を起こさない優しい性格で、美術や音楽にすぐれた少年であると評価している。彼には多くの友人がいて、学校外でもよく集まって遊んだりしていることが記録されている。

太郎の個別教育計画は言語問題の改善が中心で、アートに対してすぐれた能力を持っていることを励ましながら、流暢なスピーチの獲得をめざし、普通学級参加の時間を増やすことに向けられて、中等教育が終わるまで続けられた。

取材当時は高校生だった太郎は美術系の大学に行くことを決めていて、学校生活をエンジョイしていた。以下は、太郎が自分について話してくれたことである。

小学校に入学した頃、先生が話し終わったあと、いま先生はなんて言ったんだろうと思うことが多かったそうだ。そういうときはもう一回言ってくださいと何度もお願いし、先生がゆっくりと同じ言葉を繰り返してくれると、太郎はやっと意味がわかったという。クラスの友人が先生に言われた課題をすでに半分以上終わっている頃、彼の作業はやっと始まった。それで英語の学習のとき彼はいつでも惨めな気がしていた。たまに意地悪な視線を向ける子供もいたけれど、友人や担当の先生は彼ががんばるように励ました。この励ましでいつも彼は勇気づけられたようだ。一人ではくじけそうなときも、仲間がいるとがんばれるものだということを小中学校のときに感じていたという。

太郎は数学と美術が得意で、特に絵を描くことには自信があった。だから英語の時間以外はいつも幸せいっぱいだった。周りの者たちは彼の絵が実にうまいとほめていた。英語の時間に優秀でも絵はすごく下手な子もいて、人間には誰でも得意なことと不得意なことがあるということを、小学校の初めの頃彼はすでに思っていた。

母親はいつも太郎の言葉のことを気にしていた。それが彼のすべてのように心配しすぎていたらしい。母親は教育もあった人だけれど、こと子供のことになると客観性を失って取り乱していた。彼女は息子の言葉での表現がおかしいので、この子は知恵遅れではないかと思い、三歳までに言語学者や心理学者や内科医の診察を受けに彼を連れて行ったそうだ。結局、小学校入学時までに、どこも悪いところは見いだせなかった。悪いところといっても、それは言葉の受け取りに問題があるというだけのことだった。確かにそれはそうだけれど、ていねいにゆっくり話してくれればちゃんとわかると彼は言う。

教育の在り方次第で太郎のような状態はよくも悪くもなる。できないできないと周りで言われるとますますわからなくなるようだ。心理的にどぎまぎさせないで安定した感覚を備えることが「学ぶ人」には必要である。

進路を決めた太郎は、安定した表情で以上のことを語ってくれた。これは、スペシャル・デイ・クラスで、弱い部分を強化するプログラムを受けた例である。弱い面の改善は個人の自信を育み、強い面をさらに伸ばす土台となる。

歴史に名を残した偉大な人々

学校時代にある種の「できなさ」があったとしても、その個人の中には思いもよらぬ能力が内包されている。学校時代の目に見える「できなさ」は、海面から突き出た氷山のようである。見えるところだけ見て船が航行すると、海面下の巨大な氷山に突き当たることがある。個人の見えていない能力は、この海面下の氷山のように大きいものだ。この見えない能力を発掘することを、教える側は心すべきだと思う。

『*In the Mind's Eye*（知性の目で）』の作者、トーマス・ウェストは多くの偉人たちがディスレクシアであったことを紹介している。偉人たちの人生の初期に見えた「できなさ」と、長じて発揮した「偉大さ」は海面上の氷山と海面下のそれのようだ。ここに八人の偉大な人々の状態を取り上げたのは、一人の人間を氷山にたとえて、「人を見るとき、表面に突き出た部分だけで判断するのは間違い！」という思いを伝えたかったからである。

マイケル・ファラデーとジェイムズ・マックスウェル

一九世紀前半に活躍したイギリスの物理化学者マイケル・ファラデーは、一七九一年にロンドン郊外のニューイントン・バッツで、鍛冶職人の子として生まれた。家が貧しくて十分な教育を受けられず、一八〇四年に書店へ徒弟奉公に出された。そこで書物を読むうちに自然科学への興味を深めていったという。電気や化学の実験に興味を持ち、書物を読んでは内容を記録したり描写したり、さらに簡単な実験などもやったりした。

苦労の末、王立研究所の実験室と鉱物コレクション部門の助手兼器具の管理者になった。初めての研究論文は、石灰石の分析に関する報告であった。その後、「炭素と塩素の二つの新しい化合物について」など、多くの論文を発表して才能を示していった。酸素、水素、窒素、塩素、亜硫酸ガス等の物質の比重や液化温度の測定、吸収、爆発などの研究に努力を惜しまなかった。

磁石の「磁力線」の考えをはじめに取り入れたのも彼であった。さらに電気モーターや発電材、変圧器などの発展にも貢献した。独学で科学者になったファラデーの存在に、エジソンは勇気づけられたというエピソードもある。

そのファラデーには、読みや文章構文にはこれといった困難はなかった。しかし、ディスレクシア状態に当てはまるいくつかの特徴はあった。それらは子供の頃の話し方の問題と、文字の綴りや句読点の付け方、大文字の使い方などであった。これらは注目に値する「できなさ」であったらしい。けれど彼の最大の問題は、数学の「できなさ」と「当てにならない記憶力」であったという。表面に見える数学の「できなさ」がありながら、長じて物理学者になったファラデーの理数的な能力をその子供時代に誰が考えたであろうか？目に見える「できなさ」と内包していた偉大な能力とが、同じ理数系であったことに私は不思議な感じをもつ。個人に内包する能力を外側から推し量ることは、誰にもできないのだと改めて感じる。

ジェイムズ・マックスウェルはスコットランドのエディンバラで生まれ、エディンバラ大学とケンブリッジ大学で学んだ。ファラデーと状態は異なるが、彼にもLD的な要素が多分にあった。しかし、彼は物理学において重要な役割を担った人なのである。一八五〇年代から一八六〇年代に電磁気の波を表す数式を使って、光は電磁波の特殊なものだと結論づけた。そして、一八七三年に『電気及び磁気について』を出版した。この著で、ファラデーの電磁場の学説を数学的に理論化したのである。彼の最大の功績は「電磁放射理論」で、これによって一九世紀を代表する理論物理学者としての存在を確立したのである。

さて、彼は牧歌的な村で幼い日を過ごした。初期の頃の教育は母親によってなされたが、その母親は彼が八歳のときに癌で亡くなった。その後、荒っぽい教育と厳格な躾をする家庭教師によって悲惨な経験をしたという。

ある伝記作家は、この家庭教師による辛い経験が原因でマックスウェルは吃るようになり、それが一生続いたと言っている。しかし『In the Mind's Eye』の著者、トーマス・ウエストは、当時厳しい訓練をすることは普通のことで、彼が吃ることはその家庭教師によるというよりも、神経学的なプロセスに関係していたのだろうと推測している。

マックスウェルは家を出てアインバーグの叔母の家に移り、アインバーグ・アカデミーに入学する。しかし彼は父のデザインした古い型の洋服を着て登校し、しゃべり方は強い田舎の訛丸出しであった。このしゃべり方と奇妙な衣装は嘲笑いの対象になり、町の少年たちにいじめられた。二年間の学校生活は、彼のぎこちなさとためらったしゃべり方のせいでうまくいかず惨めだった。

しかし、大学に入ってからは優秀な成績を収め、学生たちの尊敬を得るようになり、人々はマックスウェルの優れた面を評価するようになっていった。けれども彼は世間に対してはぶっきらぼうで不適切な対応しかできず、社会へ向ける目は閉ざされてしまっていたという。この学問的な才能と閉鎖的な態度が、マックスウェルの特徴であったことが伝えられている。

アルバート・アインシュタインとトーマス・エジソン

アルバート・アインシュタインは一八七九年に、南ドイツのウルムでユダヤ系の家に生まれた。子供の頃の彼は「のろまで白昼夢状態のような」などと言われていた。父親は電気技師で、息子にも電気技師になってほしかったようだ。しかし彼は、スイスのチューリヒ近くにあったアーラウの高校に入り、物理学のアウグスト・トウシュミット教授に教えられて、スイス連邦工科大学に合格した。けれども講義には興味を示さず、アイザック・ニュートンなどの偉大な物理学者の仕事に学んでいった。一九〇五年から学術誌に理論物理学の三つの論文を発表した。この中に「特殊相対性理論」が含まれていた。それは「運動体の電気力学」と題されていた。これは、光速に近い速度の相対運動の場合、大きさや質量の減少などの現象があるというものである。これによって、ジェイムズ・マックスウェルの「電磁場の理論」と、それまで説明不可能だった光の速度に関する力学の新体系を提示したのである。そして一九一六年に「一般相対性理論」を発表した。この理論では、ニュートン力学で重力の法則が解明できなかったものを説明している。

このように難解な理論を考える彼であったが、学校生活ではある種の困難があった。多くの伝記作家や研究者は、アインシュタインはディスレクシアであったと捉えている。さらにある作家らは、アインシュタインの初期の発達が遅々としていたことを強調している。

一方、アインシュタインができない生徒であったことは見いだせないとしている作家もいる。なぜこのように、研究者によってアインシュタイン像が異なるのか。それは、ディスレクシア状態についての把握のしかたの違いによるとトーマス・ウェストは述べている。ディスレクシア状態を読み困難だけとするのと、様々な言語スキル困難を含めるのとでは、おのずと判断が違ってくる。後者の場合には、アインシュタインはディスレクシアと判断される。

アインシュタイン自身は自分のことを「特に良いところと、特に悪いところのあった生徒」と見ていたという。記憶力が弱く、聞いた言葉と教科書の内容の記憶が特に悪かったそうだ。けれど、数学と物理学は哲学とともに学校のカリキュラムを大きく超えて、自分で学ぶことができたという。

アインシュタインの実姉によると、彼の子供時代の発達は遅く、言語を学ぶことに困難があり、それが七年生まで続いたことが伝えられている。

トーマス・エジソンは一八四七年に、アメリカのオハイオ州で生まれた。担任の先生から嫌われ学校を飛び出し、化学の実験や鉄道の新聞売り、汽車の中で新聞の発行などをやって思春期までを過ごした。長じては、一八七七年に蓄音機、一八七九年に炭素心電気、動画装置等、生涯に一〇〇〇以上の発明をして人類に貢献した。

発明家エジソンもディスレクシアあるいは、少なくともなんらかのタイプのLDであったと考えられている。エジソン自身も「父親は自分のことを愚か者だと思っていたし、自分も何かがおかしいとは思っていた」と述べている。

エジソンは初等教育の初めに、教師の指導に順応しないことで学校側からできない子と烙印を押された。授業中静かに聞かず質問ばかりして担任の怒りをかい、「教室をかき乱す者」と言われて学校を走り去った。その母親は、子供の可能性を引き出すことのできない学校教育に頼ることを止めた。そして母親自身がエジソンの教師となって、彼の内包された能力を育てていった。結婚前に学校の教師をしていた母親は適切なかかわりで、偉大な発明家となる息子の基礎教育に全力を尽くした。

当時の学校の一般的なやり方であった知識の機械的な記憶学習や一斉授業についていけなかったという意味で、エジソンにLD的な要素があったことは否定できない。しかし、適切なかかわりで可能性をすべて引き出せるという事実を、エジソン母子は身をもって示したのである。

レオナルド・ダ・ヴィンチ

レオナルド・ダ・ヴィンチは、イタリアのヴィンチ村で公証人の子として生まれ、一四歳ごろペロッキョの工房に入門し、二〇歳でフィレンツェの画家組合に加入した。そして一四七九年に独立している。師の工房にいる間に厳しい基礎修業を重ね、自然観察による写実技法を習得した。「モナ・リザ」が彼の代表的な作品として知られているが、図学、物理学、力学、工学、地理学、解剖学、機械工学、植物学、地質学、土木工学などの研究もしている。生涯にわたる諸科学の膨大な研究記録も残っている。

彼は美術家、彫刻家として訓練を受けたけれど、多くの科学的な分野でも活躍したことはよく知られている。そして偉大な能力と予期せぬ「できなさ」があったことも知られている。

レオナルドの観察と分析のアプローチの中心はイメージであった。図柄が初めに来て言葉は単に図柄を説明する手助けに使われたという。鏡文字を書くレオナルドは左利きで、常に右から左へ書いていた（英語など西洋の文章は左から右へ書くのが普通）。東洋の書物のように彼はページの最後から書き始めていた。つまり、欧文は本を左に開いていくので、最後のページは東洋の書物の最初のページになると言う意味である。時には、風景や村落の景色を鏡に映る像のように、まったく逆向きに正確に描いていたという。

レオナルドの時代の教育は、一般に言葉や数字の読み、書き、計算、そして教科書の内容の記憶にあった。しかしレオナルドの興味は言葉にはなかった。彼は芸術家として訓練を受けその分野で働いた。

最近、彼の書き文字と綴りの分析がなされた。それによると彼の「サーフェイス・ディスグラフィア」が明らかにされた。これは脳の左半球の何らかの問題によるとされる、書き文字の綴りの「できなさ」である。それは発音的には正しいが不正確な綴りをする。つまりtheirをthere、rainをraneと書いてしまうような間違いである。レオナルドは言葉を想起するとき、音韻的ルートを使ったとされる。その他では重複子音、不規則な文字などに間違いがあったという。

レオナルドにはラテン語を学ぶ困難と言語スキルに問題があったため、法律ではなく芸術の勉強をしたのだと指摘する伝記作家もいる。しかし、個人の強い面を生かし切ったら、弱い面を論ずる必要はない。レオナルドが「サーフェイス・ディスグラフィア」を正す訓練を受けて言語スキルの困難を軽くして、言語を専門にする仕事に就く必要はあっただろうか。他の多くの分野で最高峰にあるレオナルドに、言語スキルでの「できなさ」は意味を持たない。

ウィンストン・チャーチルとジョージ・パットン

ウィンストン・チャーチルは一八七四年に生まれ、二〇世紀のイギリスを代表する政治家となった。文筆家や歴史家としても優れ、一九二三年から二九年にかけて書いた第一次大戦の歴史書である『世界の危機』や、一九五三年度ノーベル賞に輝いた『第二次大戦回顧録』がよく知られ、画家としても優れていた。

大人になってからのチャーチルはリーダーとして優れた演説をしたけれど、若いときは優れた話し手ではなかったと言われている。小学校での言語学習には困難が見られ、ラテン語は特にひどく、クラスで最下位の成績であった。けれど記憶力は良かったという。能力全般は強い面と弱い面の不均衡があり、散漫な性質は広く知られている。

学校教育における成績と社会での成功には、相関関係がないことはリサーチで明らかである。成績がいかに悪くても社会で大成功をしている人もいれば、優秀だった人が惨敗の人生の最後を迎えることもある。クラスでラテン語の成績が最下位だったチャーチルが、イギリスを代表する大政治家になったことは人々に勇気を与える。

ジョージ・パットンは一八八五年に生まれ、一九〇九年に陸軍士官学校を卒業し、アメリカの軍人として活躍した。一九四二年に北アフリカ上陸作戦に参加し、四三年には第七軍司令官としてシテリア島に進行し、三十八日でこの島を占領してその名を轟かせた。

革新的な軍隊の戦術家であったパットンは、コミュニケーションの才能に恵まれていた。しかし、散漫で無責任な面もあったという。

一九七二年にパットンの著作が出版されたとき、担当編集者は彼がディスレクシアであることを発見したが公表はしなかった。しばらく時を置いて、その書の編集の際、「綴り、句読点、ピリオド、大文字」の訂正があったことを読者に伝えた。さらに一九八五年になって、パットンの伝記が出版されたとき、彼の人生におけるディスレクシアの存在と、ADDがともなっていたことが明かされたのである。

彼は知的ではちきれんばかりのエネルギーの持ち主であったが、字が読めなくて書けなかった。書類を上下が逆になったまま読もうとして、その間違いにすぐには気がつかなかったという。

しかし、そのようなディスレクシア状態に打ち勝つ才能、コミュニケーションのスキルが彼を偉大な軍人として成功させた。彼は自分の弱い面に打ちひしがれず、強い面を最大限に生かして活躍した。その生涯は映画にもなって人々を感動させた。チャーチルとパットンの生き方も、「弱い面にこだわるな、強い面を生かせ」と教えてくれているように思われる。

ハンス・アンデルセン

童話作家アンデルセンの自叙伝を読んだ。彼がディスレクシアと言われる理由、つまり彼は何ができなくてディスレクシアと言われるのかを知りたかったのである。

彼は一八〇五年にデンマークのオーデンセで貧しい靴職人の子として生まれた。一四歳で故郷を後にして都会に出て俳優を目指す。貧しいので即興詩などを吟じたり物語を詠んだりしてお金を稼ぎ、生活の足しにした。吟じたり詠んだりした詩や物語は人々に絶賛され、非常に優れていたのだから、その言葉に沿って文章を書けば間違いはないはずである。ところが書いた文章には綴りのミスが多かったという。このことが、彼のディスレクシアと言われる所以なのだと思う。

教育を受けるべきだとみんなに言われて、富裕な人々の援助で一七歳になってグラマー・スクールに入る。教育を受けた後は、世界的な作家になり子供たちに夢を贈った。

昔読んだ『みにくいアヒルの子』も再度読んでみた。みにくい姿の間いじめられ悲しい思いを続けるアヒルの子が、成長して美しい白鳥の仲間に近づいていく場面で、読み手はほっとする。アヒルの子から大白鳥になっていく姿は、アンデルセンが一四歳でわずかなお金を持って故郷を後にし、都会で行き詰まり死のうと思ったりする苦しい時期を乗り越えて、大作家になっていく姿と重なる。

エッラインが『A Primer on Dyslexia』の中で、ディスレクシアを持つ偉大な人々を紹介し、その中に『みにくいアヒルの子』を書いたアンデルセンを忘れなかったことに、子供を思う深い心を感じてやまない。

ディスレクシア状態の人は知的に優れていてエネルギーもあり、一つのことにじっとしていられずいろいろなことに思いが走り、それを行動に移す人が多い。そこでアンデルセンにディスレクシア的素質がなかった場合を考えてみた。

すると、貧しくて教育を受けられない彼が、靴職人としてその道で静かに生きる姿が浮かぶ。「ああしたい、こうしたい、あれになろう」といったエネルギーは湧かず、ただ誠実に安定して靴を作っていたのではないだろうか。それはそれで貴重な生き方である。

しかし、一四歳のアンデルセンは俳優になりたいという意志だけで、身よりもない都会に飛び出していく。そのエネルギーと発想、そして都会で多くの人々に愛されていく感性と行動力は、それを知る人に感動を与える。

ヘレン・ケラー

ヘレン・ケラーは一八八〇年にアメリカのアラバマ州で生まれ、生後一九か月で熱病のために、視覚、聴覚、そして話す機能を失った。七歳になってアン・サリバン先生の教育を受け始め、一九〇四年にハーバード大学のラドルフ・カレッジを優秀な成績で卒業した。三重の障害で大学教育を修了した初めての人で、著述家、社会福祉事業家として生涯を生き抜き、その存在は世界中の人々に希望を与えた。

ヘレン・ケラーはディスレクシアの人ではない。三重苦を乗り越えた人であるが、ここでは複数の感覚器官を使う教育技術について、その基になったサリバン先生の教育法についてその要素に触れたい。

ヘレン・ケラーの家庭教師サリバン先生は、見えない、聞こえない、話せない生徒に具体物を直接触れさせて、その皮膚感覚で世の中の事象を教えていった。この教育が天才ヘレン・ケラーを育てた。

国際ディスレクシア協会の前身であるオートン・ソサエティーの設立者サミュエル・オートン博士は、このサリバン先生の教育法を参考にした。視覚、聴覚、触覚、筋肉運動感覚等の感覚器官すべてを使って学ぶという方法を開発したのである。視覚だけでなく他の感覚を使うということは、いまやディスレクシアの教育現場で欠くことのできない方法となっている。字を学ぶとき、紙に書かれた文字を見るだけでなく、その発音を聞いて文字の形を指でなぞるといった、複数の感覚器官を同時に使って学ぶことの効果は大きいと評価されている。

三重苦のヘレン・ケラーが、困難な状況を乗り越えて大学教育を受けるまでになったことに思いを馳せれば、ディスレクシアだから、読み、書きに困難があって当然とは考えにくくなる。なぜならディスレクシアの人たちは見えるし、聞こえるし、話せるのだから。ディスレクシアの人たちも、自分の弱い面に負けることがあってはならないという気がする。

先の偉人たちの例では強い面を生かすことを強調したが、この天才ヘレン・ケラーの生き方が示していることは、「複数の感覚器官を使って学び、弱い面の訓練をしなさい」ということではないだろうか。

ディスレクシアをさらに理解するために

ディスレクシアは言語のＬＤ

国際ディスレクシア協会（ＩＤＡ）は一九四九年に設立された。ディスレクシアの効果的な指導法を開発した、神経学者サミュエル・オートン博士の先駆的業績を引きついでいる。設立から五〇年以上も、教育分野、科学分野、コミュニティに対して大きな影響力を持ち続けている。そして、ディスレクシアの本人、家族、教師、医者、研究者を援助し続けている。

ＩＤＡから送られてきた資料は、ＬＤ人口の八〇〜八五％が、読みや言語スキルに問題（ディスレクシア状態）を持つことを明確に伝えている。ＬＤ状態の核心部分は、読みと言語問題にある。ディスレクシアについて知ることは、ＬＤについての理解を深めることになり、ＬＤ対策の参考になるのでここにその詳細を伝えたい。

ディスレクシアは言語を基礎とするＬＤである。

Dyslexia（ディスレクシア）という単語は、ギリシャ語のDys（不十分な、乏しい、不適切な）とlexis（単語、言語）に由来している。よってその意味は「不十分あるいは不適切な言語」ということになる。

視覚や聴覚のプロセス（見たり聞いたりしたことを理解するまでの過程）や言語プロセス（言葉を話したり聞いたり書いたり読んだりする進行・経過）がスムーズでないことが、ディスレクシアの主な特徴である。したがって、聞いたり読んだりした内容を言葉で伝えることや、考えたり話したりしたことを文章化することに問題が生じる。

ディスレクシアは個人が生きている間中、ずっと続く状態であるが、その状態を改善することはできる。典型的な一斉授業ではなく、個々の学び方に沿って学習すれば状態は改善されるのである。

ディスレクシアは脳の構造と機能の違いが原因で起きると言われている。普通以上の学ぶ能力と学業成績の間に予期せぬギャップが存在する状態である。その問題は行動的なものでも、心理的なものでも、動機的なものでも、あるいは社会的なものでもなく、知的な発達の遅れによるものでもない。さらにディスレクシアは病気ではなく、それを治すことができるというようなものでもない。

ディスレクシアの人々はユニークで能力的に強い面と弱い面がある。他の人々とは異なる方法で学び、美術、運動、建築、グラフィック、電気、機械、ドラマ、音楽等の分野で、優れた能力を発揮することも知られている。中には豊かな精神性を持っている人々も多い。

ディスレクシアの徴候

自分の子供やクラスの児童生徒がディスレクシアではないかと思うとき、次に書いたような状況を観察して、その頻度などを記録しておくことが大切である。

○音の連続や、単語の音節を聞き取ることが不十分である。
○単語の読みとりが困難である。
○単語の書き取りに困難がある。
○書いたり読んだりするとき、数の連続性や、文字の形、単語の文字のつながり（例＝b – d, sing – sign, left – felt, soiled – solid, scared – sacred, 18 – 81等）を把握する力が弱い。
○考えたことを文章に表現することが困難である。
○話し言葉がすぐに出ない（言葉にするまでに時間がかかる）。
○聞いたことを言葉にして説明することが正確でない、あるいは完全でない。
○考えたことを口述表現することが困難である。
○読解力の問題がある。

○空間における方向や時間の把握に混乱（左と右、上と下、早と遅、昨日と今日、月と日などの混乱）がある。
○左手、右手についての混乱がある。
○文字を書くことの困難がある。
○数学における困難（段階的連続性、方向性、数学で使う言葉に関連すること等）がある。
以上の徴候は、ディスレクシアの査定をするときの目安として参考になるものである。順序を逆にして文字を読んだり書いたりすることは一つの現れであって、すべてのディスレクシアの人に起きるわけではない。その状態は「ディスグラフィア」と呼ばれている。

そしてまた、これらの徴候を示す人全員がディスレクシアというわけでもない。専門家によるテストの評価のみが、ディスレクシアであるかどうかを明確にできる。言語に問題があってもディスレクシアが原因ではない場合もある。

また、ディスレクシアの特徴をすべてもつ人はほとんどいない。一つか二つ、あるいは数個の特徴を示すのが普通である。

ディスレクシア人口の見積り

アメリカの衛生局は、合衆国人口のほぼ一五％がＬＤ状態であると見積もっている。そして、特別教育のサービスを受けているＬＤとされる児童・生徒・学生の八〇～八五％が、言語スキルとリーディングに基本的な問題を持っているという。さらにイエール大学による研究では、リーディングに問題のある人々は合衆国人口の二〇％にも及んでいるということが示されている。

これらの研究は、ディスレクシア問題がＬＤの中心的課題であることを明確にしている。つまり、ＬＤと言われる人々の最も多くは、言語に関することに「できなさ」を示しているのである。

毎年一二万人の児童・生徒・学生がＬＤであると判定されて、二〇〇〇年にはアメリカの高校生までのＬＤ人口は二四〇万人となっている。その八五％、約二〇四万人がディスレクシア（言語に問題を持つ）ということになる。さらにまだ正しく診断されていなかったり、適切に対応されたりしたことのない、際どいところでＬＤ判定から落ちこぼれた多くの児童・生徒・学生たちが存在するといわれている。

ディスレクシアの原因

ディスレクシアの原因はまだ完全には明らかではないが、最近の研究からその人たちの脳の発達と機能のあり方が、他の人々とは異なっていることがわかっている。さらに、読みの重要な要素である単語中の音を識別することに問題を持つことも見いだされている。ディスレクシアは知能が低いことが原因で起きるのではなく、学ぶ意欲に欠けることが原因で起きるのでもない。状態に合わせて適切に教えることによって、効果的に学んでいくことができるのである。

ディスレクシアの与える影響

ディスレクシア状態が学習に及ぼす影響は、人によって異る。最も一般的な影響は読み、綴り、書き文字、話し言葉の問題に顕れる。小学校低学年で、読みや綴りの学習が普通にできた人でも、高学年になって、文法や文章の内容が高度になったり、エッセイを書いたりする段階で、複雑なスキルが要求されるとき問題が大きくなることもある。

また、ディスレクシアの人々は自分自身を（感情などを）言葉で表現することが下手である。自分が話すことを人々が十分に理解していないことに気づくこともあるが、そんなとき、自分の話し言葉自体に問題があるからだとすぐには思えない。その問題は学校や仕事場や他の人々と関係する場所で大きな問題になり、ディスレクシア状態の及ぼす影響は、クラスルームだけの（学習場面だけの）問題ではなくなっていく。

ディスレクシアはまた、個人のセルフ・イメージにも影響を及ぼす。ディスレクシアの児童・生徒・学生たちは、自分が「おろか（dump）」で、実際よりも「できない」という誤った自分像をもってしまったりする。彼らが学業の問題による大きなストレスを経験した後、勉学を続けることに意欲を失っていくこともよくある。

ディスレクシアへの対応

ディスレクシアは生涯続くものだが、状態にふさわしい適切な指導で、人々は読むことや書くことを学んでいける。さらにディスレクシアであることの早い時期の確認と対応は、学校や人生において彼らを成功に導くポイントとなる。

ディスレクシアの人々には学校教師、家庭教師、学習セラピスト、言語セラピスト等の援助が必要である。教師やセラピストは、複数の感覚（聞く、見る、触る）器官を伴った方法で学ぶことに効果を見いだしている。また、個人ペースで学習を進めることができる一対一の援助に意味があることもわかっている。

校外の学習セラピストは担当する生徒について、クラス担任と情報交換をしながら関わっていくことで、よりよい改善の手だてができることが報告されている。

学校教育では、ディスレクシアの児童・生徒・学生の学業を成功に導くため、一斉的なやり方を修正する必要がある。例えば作業を完成させるため追加時間を与えたり、要点だけを箇条書きに示したり、子供の応答ををテープにとったりする配慮がいる。録音したテスト課題などを用意して、成績評価を通常と違った方法で行うことも可能である。生徒は録音された物語を聞くことや、コンピューターで文章を書くことを通して、効果的に学ぶことができるようになる。

さらに、学習困難の結果起きる感情的な問題に援助の手が必要である。カウンセラーや心理学者は、彼らの心の状態に適切に対応することが要求される。

ディスレクシアの査定

ディスレクシアは言語を根拠とするＬＤであり、ＬＤの最も一般的な状態である。その程度は様々で予後も人によって違う。予後は「できなさ」の状態、個人の強い面と弱い面の特別なパターンに対する対応の適切さにかかっている。周囲の関わりにディスレクシアの人々は、うまく応じることのできる柔軟さをもっているので、適切に関わるためにも状態を査定することは重要なのである。

どうもディスレクシアらしいと思ったときは、その問題を解決するために専門家の査定を受けることが必須である。その査定に乗っ取って、どのようなサービスが適切であるかを決めることができるし、短大や大学で受けるプログラムを決定することができる。さらに、推薦された教育機関で行われた、改善のためのプログラムの効果を評価するベースラインを査定によって決めることもできるのである。

査定では、知的能力や学年に適ったレベルの読みができるかどうかを調べたり、家族環境や総合的な学校の成績なども検討される。査定のための各種テストは、訓練されたスタッフのいる学校や校外のスペシャリストによって行われることが望ましい。

［査定時の年齢］

人は何歳であってもディスレクシアの査定を受けることができる。選ばれるテストは個人の年齢によってさまざまである。例えば、幼い子供たちは音素の聞き取り、受容と表現の言語能力、そして音と記号を連合する能力を査定される。これらの範囲で問題が見つかると、すぐに改善のための対応を始めることができる。二〇代を過ぎても、三〇代を過ぎても年齢に応じた内容での査定が行われ、改善への手だてがなされていく。

［査定の資格］

いくつかの学問分野で訓練を受けた専門家が、ディスレクシアの査定をするのにふさわしい資格者である。テストは個々の専門家、またはチームを組んだ専門家たちによってなされる。専門家には、読みに関する知識、心理学、言語学、教育学といった学問とバックグラウンドが必要である。

［査定に用いられるテスト］

ディスレクシアを査定するために使われるたった一つのテストといったものはなく、テスト・バッテリー（色々なテストの組み合わせ）が使われる。当然だが、個人に起きている問題を測定することが可能なテストが選ばれる。さまざまなテストが利用されるけれども、優れた査定のできる構成要素は一貫してバッテリーに組まれるべきである。話し言葉の表現、書き言葉の表現、話し言葉の理解、書き言葉の理解、知的機能、認知過程を測定するテスト、学力検査などが含まれることが望ましい。

［他に必要な査定項目］

個人の学習の問題が、他の心身の不調に関係している可能性がないかを確認するため、専門家は包括的な査定を行う。

優れた査定をする専門家は、学習の問題を引き起こす原因として次のようなことも調べ、ディスレクシアによるものか、他の原因によるものかを判断する。それは、

○ADD／ADHD、
○情緒的不調、
○聴覚過程の機能的不調、
○広い範囲の発達的不調、
○身体的、感覚器官の損傷、

等であるが、さらに以下のことも調べる。

○発達的、医学的、行動的、学業的な経過、そして家族の歴史、
○一般的な知的機能、
○認知能力、
○音素の聞き取りを含む話し言葉の技能、
○読み、綴り、書き言葉、数学等の基礎的技能、

等である。

［査定後のケア］

査定者は、被査定者とテスト結果（得点と状態）についての話し合いをしなければならない。そのとき個人の強い面と弱い面が明らかにされ、改善策などのアドバイスがなされる。

学齢期の児童・生徒のケースでは、評価を総合的に吟味するために合同会議が必要である。この合同会議には担任教師、両親、テストの査定者が含まれる。ディスレクシアの成人は、対応する方法と改善策の特別な指示を本人が直接に受けることができる。

［査定テストに要する時間］

平均的なテスト・バッテリー（査定に用いられるテスト群）に要する時間はほぼ三時間である。しかし、特に幼い児童の場合は集中力に限界があり、一度のセッションで終わらせる必要はなく、何回かに分けて行うことが可能である。

［法的な保護］

法律は、査定のためのテストと公立学校の特別教育を無料で供給することを明示している。さらに教育を受けることでの差別がないように、個人を保護する規定がなされている。

学び方の違い（Learning Differences）

ディスレクシアの人が読んだり、綴ったり、話したりするときに示す「できなさ」の程度は人によってさまざまである。彼らの脳は正常で非常に聡明でさえあり、言語以外の分野で強い面を持っている。この状態をLearning Disabilities（ＬＤ）と呼ぶことで、その人たちは学ぶことができないと思われる傾向ができてしまった。しかし、状態にふさわしい教え方によって、ディスレクシアの人たちは非常によく学ぶことができるのである。

「無能（「Disability」）」という用語よりもむしろ「違い（Difference）」という用語を使う方が適していると賛同する人々や関係機関は多い。この違いは、子供が読み書きをする年齢が来るまでは潜伏していて分からない。学業に達するまで違いは明確に顕れてこないのである。

ディスレクシアの「学びの違い」は、その人々が考えたり話したりできず、創作ができないということを意味してはいない。彼らは作家にも、医者にも、弁護士にも、詩人にも、技術者にも、芸術家にも、そして教師にもなれる。しかしおそらく、裁判所の書記にはならないでしょう！　聞いてタイプを打っていく書記の仕事は、音素知覚の弱いディスレクシアの人々には適していないでしょうから！　自分にあった学び方を見つけて学習し、自分にある強い面を生かす職業を選ぶことが賢明である。

過去において、人生に成功した多くの人々がディスレクシアであったし、現在も多くのディスレクシアの人々が成功した生活を送っているのは事実である。

個別の発音指導

発音の個別指導では、どのようにして口と喉で音が作られるか、その音の文字はどのように書けばよいかなどが教えられ、音の出し方、文字の作り方の直接的指導が行われる。

発音中心の語学教育は段階を踏んで組織化され、はじめは単純な内容からスタートする。

例えば、

一文字一音（a＝ə）、

一文字二音（i＝á·i）、

二文字一音（ea＝é）、

二重母音（eye＝á·i）、

そして音節の区切り、接頭語や接尾語の発音といったように複雑な内容へと進んでいき、新しく学習する内容は、前に習った教材の上に積み上げるようになっている。文字を見て発音したり、発音を聞いて綴ったりするカリキュラムは個別化されていて、学ぶペースは一人一人違うということが前提になっている。

言語問題を早期に改善することは効果的であるが、どの年齢であっても個人教授による改善は期待できるということが認識されている。

複数の感覚器官を使ってのアプローチ

これは、学ぶために必要な「聞く、見る、感じる」といった複数の知覚を同時に使って行う言語学習の方法である。この方法は、言葉を学ぶことが不器用なディスレクシアの人々の学習を助ける。これにより文字と音の記憶を確実にするように導いていく。

サミュエル・オートン博士とその研究仲間は、アイオワ州で彼が監督をしていた可動式のメンタル・クリニックにおいて、一九二〇年代の半ばにこのテクニックを使い始めた。オートン博士は、ヘレン・ケラーの家庭教師、サリバン先生の使った教授法に影響された。それは言葉を学ぶのに触覚や筋肉運動知覚を用いる方法であった。この指導では、同時に「見るもの」と「聞くもの」と「動きとともに感じるもの」を知覚することによって学習が行われる。

今日では複数の知覚を使って学ぶことは、ディスレクシアの人には欠かせない手段となっている。視覚と聴覚記憶に問題を持つ場合などは、この教え方による優れた効果が期待されている。

先のオートン・ディスレクシア協会の代表であったマーガレット・ローソンは次のように述べている。「ディスレクシアの生徒は、一般の学校で採用されている言語学習のやり方では効果がない。彼らには言語の基礎的要素（文字と音の関係など）をゆっくりと、徹底的に教える必要がある。手、目、耳、声を同時に使い、学んだことを組織化したり、記憶に留めたりして学んでいく。それには多くの練習が必要である。」

練習では、文字とその音をつなげて形と音を意識しながら、文字の発音のパターンを学んでいく。生徒は文字の音を言いながら、書かれた文字を注意深くなぞったり、写したり、書いたりして練習を繰り返す。

例えば、アルファベットのbは「ビー」と発音するが、boyになるとbの音が変わるので困惑する生徒に対し、指導者は変化する文字の音を教えなければならない。そのような場合も、視覚、聴覚、筋肉運動知覚の三つの知覚を同時に使った方法で、学習効果があがることが期待されている。

オートン博士は、視覚と聴覚を連合させた筋肉運動によって逆転文字の傾向を正したり、単語の文字の順序を正しくすることができると考え、文字を見る、音を聞く、文字の形を手でなぞることを同時に行って学ぶテクニックを考案したのである。

例えば、bとdを逆転する生徒はそれぞれの文字を形作るのに、異なる筆使いを首尾一貫して教えられる。まず活字のｂを書くときは円を形作る前に垂直の線を引き、活字のｄは垂直線を引く前に円を形作る。こういった異なる筆使いによって、筋肉の運動感覚がｂとｄの違いを覚えていく。文字を見る、音を聞く、一定の筆使いをすることを同時に行って、文字を記憶していくのである。

正しい連合が築かれるまで、視界に示され（視覚）、書くことで再現した（筋覚）文字の形と、音を聞くこと（聴覚）とを連合させる基本を教えることは、あらゆる年齢の人々に恩恵をもたらすとオートン博士は述べている。

この教え方の効果を支持する研究成果は多い。最近のリサーチでは、ＮＩＣＨＤ（子供の健康と人間の発達を研究する国立の機関）が、その効果を大きく支持している。その支持の内容は、明確に組織された言語指導の効力に集中している。複数の感覚器官を用いた組織的、継続的な教材のプログラムで訓練を受けた子供たちは、文字を理解するスキルを十分に獲得していく。このアプローチでは文字と音の関係の明確な指導、音節のパターン、単語の部分（接頭語や接尾語など）の意味指導なども行われる。その効果は、幅広い年齢層や様々な能力層における臨床的研究で、同じような結果が示されている。

ディスグラフィア

ディスグラフィアとは文字を書くことの困難を意味する。ディスグラフィアの人が書いた文字には読みにくい文字や不規則で調和しない文字、読みやすい字だけれど書き方が大変ゆっくりであったり、非常に小さい文字、鏡文字、活字体に大文字と小文字がランダムに混ざったものなどの特徴がある。

書いて表現することは同時に多くの機能（組織化、記憶、注意、手先の運動技能など）を要求するので、ディスグラフィアの人々にとって、書くことは多くのエネルギー、気力、そして時間を必要とする。アイディアはわき上がるのに、書き表す段階で手間取り、生まれたアイディアはいつのまにか消えていくこともある。

書くことに遅れ、教室での課題の仕上げが中途半端になったり、宿題が不完全にしかできなかったりして、それを気にして教師の指示に注意を向けることがおろそかになる。書くことにこだわっている間に、教師の話はどんどん先に進んでいき、ますます遅れていく。

ディスグラフィアが原因で起きる感情的要因は、しばしば状態を悪化させる。黒板に書かれたことを写し終わるまで、休み時間をあきらめるように言われる児童もいる。そして一日の終了時に、未完成の課題を家に持って帰される。また、写したものが不出来なため、再度写すように言われるが、二度目の写しは初めのものより得てして良くなかったりしてフラストレーションはたまっていく。

彼らのリーディングの成績は良く、ときには優秀でさえあるので、書き文字のまずさは怠惰である、不注意であるといった教師の非難に変わっていく。結果として、怒りや不満が彼らの真の能力を妨げることになるのである。

習慣的に正しく手で書くことを身につけることは、非常に大切なことである。それは、この危なっかしい行為（書き表現のまずさ）がうまくいく基礎となるからである。

[ディスグラフィアの原因]

ディスグラフィアの人々には、文字を書くための手指の細かい運動調整が欠けていたり、書くことをじゃまする身体的な震えがあったりすることもあるが、ほとんどのケースで神経学的な脳の機能が影響しているといわれている。

ディスグラフィアは、脳の神経学的な機能不調が原因であるという研究がある。具体的には言葉を書くための機能に関する研究である。例えば、音から記号へ、話し言葉を文字に、または思考を書き言葉にするといった過程における機能不調が見出されている。

他の研究では、注意の分割（一つに集中しない）、記憶の負担（覚えることが多い）、書き能力に影響する教材（細かい文字）などによる原因を示唆している。

典型的に読みにくい書き文字をする人は、細かい手指の動きの「まずさ」、文字を再度思い浮かべることの「できなさ」、文字を書くパターンを覚えることの「できなさ」などが合わさっているとも言われている。

［ディスグラフィア診断の適格者］

ディスグラフィアは、ただ単に、書かれたもののサンプルを見るだけで診断することはできない。資格のある臨床研究者が、直接に個人をテストしなければならない。そのテストは、パラグラフ（文節）を書くことと、年齢に適したテキストを写すことが要求される。検査者はできあがった作品だけではなく、書くプロセスをも査定する。評価する項目は姿勢、位置、鉛筆の握り、疲れ、痙攣、手の震え、目の動き、手の動きなどである。さらに指でこつこつたたく速さやリズム、手首の回し、細かい指の動きの速さを査定することもある。

［ディスグラフィアへの対応］

予防、改善、調整はすべて、ディスグラフィアへの対応策として重要である。それは早い時期の訓練によって予防することができるので、幼稚園や小学一年の幼い子供たちは、文字を正しく形作ることを学ぶことが大切である。幼い時期の筋肉運動知覚（書きながら覚える）による記憶は強力である。幼いときにできてしまった誤った習慣は、消すことが非常に難しい。だから初期の訓練を怠ってはならない。

筋肉運動（書くこと）を繰り返して行うことは、機敏さ（器用さ）を増していくので、ディスグラフィアの矯正に欠かせない。どんな状態の生徒でも筋肉運動知覚による練習（例えば、目を閉じて、あるいは目をそむけて書くなど）は効果的だと言われている。アルファベットは毎日、何ヶ月も練習し、その練習による修正と調整によって、さまざまな改善を得ることができる。

しかし、書くことの困難を避ける一つの方法として、複雑な動きを要求する文字を手で書かず、ワープロを使うことも考えられている。（今日コンピューターの普及で、ワープロ使用は特別なことではなくなっているが。）さらに、自分にあった筆記用具を見つけることも文字を書くことの助けになる。

困難を回避する他の方法は、答えを口述でしたり、書く代わりにテープに吹き込んだり、書く課題を変えたり（書くことの要求が少ないなど）、テストや課題を完成させる時間を延長したりする方法もある。

黒板からの写しは特に困難な作業なので、教師はすでに用意した印刷物を提供する必要がある。また他の生徒のノートをコピー機で複写することも一つの方法である。さらに、少し平面を傾けた上で書くことは、個人によっては書きやすい方法かもしれないので、教師はそのようなことにも配慮することが望まれる。

［筆記体の利点］

ディスグラフィアの人々にとって、筆記体にはいくつかの利点がある。筆記体では一つの文字を書いた後、活字のように鉛筆を持ち上げ、それを置く場所を決める手間が省ける。それぞれの文字は線上にスタートし、書き手の迷いを省略させる。さらに文章を書くとき、各単語の間隔を取る手間を省き、学習を高める流れとリズムを書き言葉に与えることができる。

筆記体はまた、ディスグラフィアの人々が典型的に持つ逆転文字を非常に少なくする。筆記体で書く場合、bとd、pとqの識別がよくできる。なぜなら筆記体では、これらの文字の形は非常に異なっているからである。

スペリング（綴り）の問題

どの程度の人々がスペリングに問題を持つのか、正確な出現率の見積もりはないが、リーディングや言語スキルに弱さがあるディスレクシアの多くの人々が、文字の綴りにも間違いをしがちだといわれている。

読み問題のように、綴りの問題は言語学習能力の弱さに源を発している。綴ることの「できなさ」は一般的な「視覚記憶」問題を反映しているだけではなく、単語の音素や音節を把握できないことにもよるのである。

小学校低学年の児童が言葉を聞くとき、発声される音を把握すること（音素知覚）に弱い人は、高学年になってミス・スペラー（間違えて綴る人）になる可能性が大きい。「音の気づき」の弱さは、綴りを間違えることと深い関係がある。彼らは、発音と綴りの関係、単語の構造、発音のパターンを把握することにつまずきやすい。

綴りを間違える状態を表現する的確な用語は、「orthographic memory problem（正しい綴りを記憶することに問題のある状態）」である。

これらの人々は綴ることにかなりな間違いをするけれど、非常に優れた芸術家、操縦者、あるいは設計者などであったりする。なぜならこれらの職業は、文字や単語の記憶とは関係のない種類の視覚記憶が中心になるからである。

［綴りの学び始め］

幼い子供は単語の音を正しく表現しないで、文字や記号の一続きを書くことから学び始める。次にたやすく聞き取れる単語中の二、三の音の文字を書くことを始めるようになり、次第に、習った文字を使いながら、音を聞いて正しい綴りを作ることができるようになっていく。

「音声上の綴り」あるいは「一時的綴り」と呼ばれるこの状態は、子供たちが単語を綴ることを学ぶ前の幼稚園か小学一年時にあらわれる。この初期段階で音によって作る綴り（綴りを学習する前に発音を聞いて作る綴り）学習は、単語を組み立てている分節（音節）の発見に効果をもたらすので、音によって綴る段階は貴重なのである。もし生徒が良い音素知覚（音の気づき）を持つならば（簡単な一つの単語におけるすべての音を聞き分けることができるならば）、正しい文字の並びを記憶することができるようになる。視覚単語学習（目で見て言葉を学ぶ）は良い音素知覚によって強化されていく。

［綴りの学習］

綴りの効果的な学習として次のようなことが考えられる。

○発音の知識、文字と発音の関連、音節や意味を示す部位を強調する。

○複数の感覚器官を使った練習をする。

○段階的に、易しい内容から積み上げ学習をする。

○何度もそれらの単語を正しく書く。
○日記など日常生活にその単語を使う。
このようなことが考えられるが、常に正しく書くことを心がける姿勢を保つことが大切である。

数学とディスレクシア

ディスレクシアの多くの人が、数学に問題を抱えているのは事実である。数学に関しては、次のような状態の人がよく見られる。

連続数などの記憶がよくでき、段階的な指導で効果が現れ、一定の方程式を覚えることはできるが、なぜそれが意味をなすのか理解できない人がいる。ペーパー学習を好み、細部に渡って仕上げようとするが、全体像を把握することは苦手な人もいる。

また、数学的な問題を洞察する力を持つけれど計算が弱く、段階を追った学習での記憶に問題を持つ人もいる。数学的概念を理解し、課題の解決を頭の中で素速く考えるが、ケアレス・ミスなどで答えを間違ったりする人もいる。あるいはまた、答えを言葉にしたり説明したりすることが困難な人もいる。

計算に困難を示すディスレクシアの人を、「ディスカリキュリア」という専門用語で呼ぶことがよくある。ディスカリキュリアは、計算に手間のかかる神経学的に基礎づけられた「できなさ」である。しかし本当のディスカリキュリアは滅多にいない。

ディスレクシアの人は文章題などの読みとりの「できなさ」で手間取る場合がある。あるいは、教師の数学の知識や教え方のまずさに結びついて「できない」場合もある。このように数学で問題を示す人は、ディスカリキュリアが原因ではなく、読み困難や、教師がうまく教えることができないことによる「できなさ」の場合も非常に多い。

ディスレクシアの人は、数学の用語やそれに関連する概念把握に「できなさ」を持つ場合もある。それらには空間的、順序的用語、例えば前（before）、後（after）、2つのものの間（between）などがある。他には分子、分母、因数、繰り上げ、繰り下げなどの用語も理解しにくいようである。

あるいはまた言葉の含みや複数の意味に迷わされたりする。例えば数字の2の場合、順序数の二番目の2と，ふたつという数量の名前の2の把握に迷うのである。またゼロの概念と機能を理解するときにも困難が起きることもある。

教師や改善指導に当たるセラピストはディスレクシアの本質を知り、それがどのように、数学の学びに影響するかを理解しておく必要がある。そして、複数の感覚器官を同時に使うさまざまな技術を用いて、数学の最新の知識と、システム的、累積的、分析的、統合的な明確な指導を提供することが要求される。

数学に「できなさ」がある場合、神経学的に根拠があるケースか、教える側に問題があるケースか、などをよく見極めることが大切である。その「できなさ」の原因がわかれば指導の手だても明確になるはずである。

ディスレクシアの社会的・情緒的問題

周囲の人々の大きな期待に反して自らの「できなさ」に出会ったとき、ディスレクシアの子供の多くが頓挫してしまいがちである。その親たちは優秀でやる気十分な子供が、読み書きでつまずいていることを知るけれども、その「できなさ」の理由はわからず、心配とやりきれなさでストレスを蓄積していく。

その子供たちは秀れて知的だと大人からよく言われるが、リーディングの学習では真面目に努力していないに違いないと非難される。しかし皮肉なことに、ディスレクシアの子供たちは基本的な学習を成し遂げるために、より多くのエネルギーを使い、人並み以上の努力をしていることが多い。

彼らにとって大人の期待を裏切る痛みは、自分の自分自身への期待にそぐわない痛みによってさらに大きくなる。そして自分への失望は、完全な自分になることができないという思いに変わり、不安が大きくなっていく。

一般に子供は、「間違いをおかすことはよくないことだ」と言われて育つものである。しかしLD状態があると、多くの「不注意」、あるいは「ばかげた間違い」をしてしまうことは避けられない。それで慢性的な不適応を感じながら、ディスレクシアの子供たちは毎日を過ごしていくことになる。

神経学者であるサミュエル・オートン博士は、ディスレクシアの人々の情緒的様相について言及した一人である。彼の観察によるとディスレクシアの子供たちの大多数は、幼稚園時代は幸せで周囲に良く適応できているという。しかし彼らが学校に入学して、文字や発音や教師の指示に出会うとき情緒的な問題が起き始める。初めに読むことで、それから他の学習で、クラスメートが自分よりうまくできることがわかり、欲求不満が長年のうちに積み重なっていくと述べている。

人間関係に及ぼす影響

ディスレクシアの子供たちが人間関係で問題を持つことについて、二、三の原因を追うことができる。

その一つに彼らが同学年の子供に比べて注意力、忍耐力が未熟なことを指摘できる。そのために、クラスメートの中にあってぼんやりしていたり、ちょっとした出来事で落ち込んだりして、友人関係がぎこちなくなったりする。
また、話し言葉で説明することや会話に加わることに困難を感じ、自身を表現するために、適切な言葉を思いつくことができないことも人間関係をまずくする原因になる。相手に応答するのに時間がかかったり、ユーモアを理解できなかったりして、思春期における友人関係はスムーズにいかなくなる。

彼らにとって、単語の文字の並びを思い出すことがたやすくないのと同じように、現実の生活で起きた順序も忘れることがある。それで彼らが出来事を話すとき、記憶や順序に間違いがあって、大人たちは彼らが嘘をついていると思うこともある。こういった大人の見方は彼らを不愉快にさせる。あるいは子供たちが出来事を間違って説明するとき、両親や教師は、彼らが性格的な問題を持つのではないかと誤解することもある。実際、社会的な判断力の弱さがあって、状況を間違って把握することもあるが、決して意志的に嘘をつこうとしているのではないのに、相互の良い関係は少しずつずれていく。

誰にも個人的な強さと弱さがあるけれども、ディスレクシアの子供たちには、予期せぬ強さと弱さが存在する。例えば、数学的理論にめっぽう強い生徒が電話番号を覚えることができなかったり、写生が非常にうまくできるのに、「of, they, or, said」のような単純な単語の綴りができなかったりする。ある教科では友人たちを遥かに超えた成果を示すが、最も簡単な学習を取りこぼす場合もある。また短い百文字エッセイにおいて同じ文字を三回も間違って書いたり、一つの文中において同じ文字をある段落では正しく、次の段落では間違えたりする。このタイプの一貫性のなさは欲求不満となり、人々の誤解や受け入れの困難を生むことになる。

さらにまた、日によって彼らの学習の「できなさ」は一様ではない。ある日は読みが簡単にできるが、別の日は自分の名前を書くこともやっと、ということもある。この不可思議さは本人の混乱を招くのみでなく、周りの人にも混乱を起こさせる。そして人間関係が気まずくなっていくことも稀ではない。

このようにディスレクシアは人間関係に大きく影響する。だからこそ、状態を改善する手だてを講じることが大切なのである。

不安・怒り

「不安、怒り、低いセルフ・コンセプト（自己概念）、落ち込み、社会的ひっこみ」などが、ディスレクシアに伴う心理的な状態である。

ディスレクシアの子供は、読み書きの言語活動をするとき不安になり、学校自体に恐れを持つようになる。失敗の恐れ、当惑、そして不適応の感覚は、成績が決められるときピークに達する。

欲求不満が怒りを生むことを社会学者が示しているように、ディスレクシアの子供は基礎的な学習において欲求不満を持ち、それが怒りにつながることが多い。その怒りのターゲットは学校や教師であるが、時には両親や兄弟へも向けられる。母親は特に子供の怒りを感じる。それは、子供が学校では怒りを抑制しているので、安全な環境の家に帰るとその怒りが噴出し、母親にそれが向けられるからである。皮肉なことに、子供が母親を信じているから怒りをあらわにするのだが、怒りの矛先を向けられた母親にしてみれば、自分を憎んでいるのではないかと思い、それに耐えることができなくなる。母親は子供を援助したいと思うがうまくいかず、子供は感謝の代わりに疎外感を味わっていくようになる。

子供が思春期に達すると、社会は彼らに自立的であることを期待する。けれども学校の課題をこなすために、個人教授や特別な援助を求め、自分の周囲にいる大人に頼ることが続く。独立の期待と大人の援助が必要な状況のギャップは、子供の心に大きな葛藤を起こす原因となるのである。

両親は思春期の子供への関わりに困惑を感じ、子供は肉親よりも仲間に教えてもらったり、プロの教師や先輩に支えられることを好むようになっていく。

低い自己評価と劣等感

精神科医のエリク・エリクソンによると、子供は学校に行き始めて最初の数年間に、プラスの自己評価と劣等感による葛藤を解決せねばならないという。学校で成功する子供は自分自身について肯定的な感じを抱き、なにごとにも成功できるという感覚をもつようになる。逆に子供が学校で失敗の経験をし欲求不満に陥ると、自分は他の子に比べて劣っているという感じを持ち、努力しても効果はないと思うようになる。そして自分自身に力があり生産的であるという感じを抱く代わりに、力がなく役に立たないと感じていくようになるという。

リサーチによると一般的に学習が成功するとき、学習者はその成功は自分の努力によると思い、失敗したときは努力が足りなかったからだと思う。しかし、ディスレクシアの子供が成功するとき、それは幸運であったからだと考える。失敗したときは単純に「自分はばかだから」と思うという。これらの劣等感は一〇歳までに形成されていくことが示されている。この年齢が過ぎて、劣等感を持った子供に肯定的な自己イメージを抱くようにさせることは非常に難しくなる。このことはディスレクシアの子供への初期の関わりとして、重要な含みがある。

抑圧による情緒障害

ディスレクシアの人すべてが、重症な抑圧症状をもっているということはない。しかし多くの人が、長期的なふさぎこみと喜びや意気込みに欠けることで悩んでいることは、確かである。そういった人々は悲しみや痛みの感覚をもち、自分の周辺に起きたことで感じた怒りを自分自身に向けがちである。抑圧は怒りを心の中に向けたものだと言われる。

重度な抑圧状態の大人は無気力で悲しみの感覚に陥るが、そのような状態の子供の場合は逆に、活動的で悪い行いをしがちである。しかし、中程度の抑圧状態の子供と大人は、三つの共通なキャラクターを持つと言われている。それらは、

○自分自身についての否定的な考えを繰り返して持つ、
○世界を否定的に眺める傾向にあり、プラスの体験に喜ぶことができない、
○肯定的な未来を想像できず、失敗と欲求不満が続く人生を予測する、

の三つである。

中程度の抑圧的気分は、ディスレクシアの子供たちの学校生活で起きるのだが、長い休みになると気分は高まり抑圧状態は消える。休みで学校生活の苦しみがなくなるからである。

ディスレクシア状態に重症な抑圧や情緒障害が伴う場合は、精神科の薬物療法を含む医

療的治療が必要である。もしも子供たちが極端な引っ込み状態、自殺念慮、集中力欠如やその他の嘆きのサインを示すならば、メンタル・ヘルス機関からの専門的援助が必要となる。

周囲の支援と勇気づけ

心理学者やメンタル・ヘルスの専門家は、ディスレクシアの子供の怒りや、抑圧的気分や、希望喪失のような不愉快な感情をなくすように、学校の教師が援助をする必要があることを指摘している。

ＬＤの子供たちを長期に渡ってリサーチした結果、健康な精神で満足した人生を送っている子供たちに、共通するいくつかの一般的な要素がある。

それらは、

○彼らには問題解決能力がある、

○その人生に少なくとも一人は、支援したり勇気づけたりする大人が存在する、

○高い自己概念（セルフ・コンセプト）と成功をもたらす特別な興味、あるいは能力が存在する、

○他の人を援助すること（ボランティア等）に参加している、

等である。学校の教師はディスレクシアの子供を支援し、心の支えとなる大きな存在になることが望まれる。

教師も両親もディスレクシアの子供を勇気づけることに熟練する必要がある。不安でうち負かされそうな苦しみをもつディスレクシアの子供の感情を聞いてあげ、苦しみを和らげてあげることが大切である。

不安や怒りは、多くのディスレクシアの子供たちに毎日のように訪れる。言語問題が人とのコミュニケーションをぎくしゃくさせ、そこから起きる不安や怒りなどの感情が心の中に抑圧される。その抑圧を開放させるような関わりをして欲しいものである。

社会との関わり

ディスレクシアの子供が、何らかの分野で成功することは意味深いことである。音楽、美術、スポーツ、リーダーシップ、地域への奉仕活動、その他の興味を持つことに積極的に参加をすることがよい。その活動の中で自信が湧き自尊心が育ち、プラスの自己概念を持てるようになるのである。

人生に成功しているディスレクシアの成人は、自分以外の人を援助することを通して、自身の痛みを和らげている。それはチャリティーの奉仕活動や高齢者への介護活動や障害者への援助活動等といった形である。このように他の人を援助することは、ディスレクシアの人が自分自身に肯定的な感じを生み出すことに役立つ。そして自分の痛みや欲求不満に対し、効果的に対応できるようになるものである。

学校、高齢者ホーム、教会の中などには他の人を援助する多くの機会がある。ディスレクシアの人たちが仲間の手助けをすることや同級生の個人教授をすることは、自らの自信や自尊心の向上につながる。もしディスレクシアの生徒が数学や科学に優れているならば、下級生やクラスメートへの教授が可能である。例えば、計算器の使用を教えることでも、ディスレクシアの生徒が自分自身に肯定的な感じを持つようになるものである。

専門的援助の重要性

ディスレクシア状態の人の不安や抑圧が深刻になった場合には、知識豊富な心理療法家や医者がすぐにかかわるべきである。

ほとんどの州が心理療法を実施できる三つのタイプの専門家を認めている。精神医学者、心理学者、そして臨床ソーシャル・ワーカーである。精神医学者は薬の調合ができ心理療法ができる医者である。心理学者は心理テストができる専門家で、心理療法ができ博士号あるいは修士号を持つ。この修士号保持者は普通、博士号レベルの心理学者によるスーパーバイズを受ける必要がある。臨床ソーシャル・ワーカーは、家族に関する多くのケースを経験し、ソーシャル・ワーカーの修士号をもっている。

以上のような相応しい教育と、実施のための州ライセンスに付け加えて、セラピストはディスレクシアや他のＬＤ分野の対応ができるように付加的訓練を受けねばならない。さらに、フルタイムで五年間のサイコセラピー実施経験が必要である。この経験は大学院を出てスーパーバイズを伴うインターンシップで得ることができる。

ディスレクシアの具体例と関わり方

ディスレクシアとは言語を使う際の困難を意味する。知的には平均かそれ以上のレベルにありながら言語によるつまづきで、学ぶ能力と成績の間に予期せぬギャップが存在する状態である。

ディスレクシアの人々に同じような状態の二人は存在しない。それぞれが異なる状態で強い面と弱い面を持っている。例えば、ある子は読み書きに問題はあるが数学に秀でている。ある子は書き文字は下手だけれど美術は得意である。他の子は文字を書くとき、左右・前後の識別にとまどうが読解は優れている。また他の子は注意力の問題はあるが、長距離走では記録保持者であるというように千差万別である。

教師はクラスの中で鏡文字を繰り返す子、文字がくにゃくにゃしている子に気づくことがある。他のことでは優秀な子供が、物事の秩序だてができないことに悩む親もいる。他のスキルはうまく学べるのに、書き文字をマスターしない友達を不思議に思う幼い子もいであろう。もしも自分自身、あるいは自分の子、または友人がディスレクシアではないかと懸念するとき、次にあげる人々に見られるような特徴を探すと参考になる

○メリーはクラスで先生に読むように言われると躊躇する。彼女は、視覚で文字を学んだり覚えたりすることが容易ではない。さらに、bやdのように、見かけの似たような文字の把握にも迷ってしまう。

○ジョーンは適切な言葉を見つけることに問題を持つ。挙手をして質問に答えようとするのだが、適切な言葉を思いつかないのである。「昨日君が書いていたから知っているよね」と先生は応援するが、内容はわかるのに言葉が出てこないのである。

○ジェリーの言葉はちょっと変化して口に出てくる。「basgetti and meatball（バスゲッティ・アンド・ミートボール）」というように。または順序が間違って出てきたり、言葉がつっかえたりすることもある。

○ジュリアにとって文字を綴ることは、話をするよりも多くの問題を起こす。例えば「bをp」と、「feltをleft」、あるいは「nuclearをunclear」と書いてしまうのである。

○モルガンは数学に関してフラストレーションを起こす。なぜなら公式の記憶や文章題の読み取り、あるいは数字を書くことに困難があり、概念を理解することができたと

しても、質問に沿った応答にならなかったり、計算のエラーをしてしまったりする。担当の教師はこのエラーを「不注意」と決めつけるのである。

○エリザベスは部屋の整理、宿題の仕上げなど、日常生活の多くのことを律しきれない。整理整頓、秩序立て、そして管理は彼女にとって容易なことではないのである。

最後にアダムの場合を詳しく見て、これらの問題をさらに考察してみよう。

彼は典型的なディスレクシアの子で、読みと綴りと数学に問題を持ち、自分が言いたいことを伝えることや、周囲の者が話していることを把握することなどに問題を持つ少年である。

学校に入学する直前まで彼は幸福だった。多くの遊び仲間がいた。しかし、一年生が始まったとき状態は変わった。すぐに学校を嫌いになり、頻繁に胃腸が痛いと言うようになった。彼はクラスメートのように素早く読むことができず、教師が答えを求めてもすぐに言葉を出すことができなかった。正しい答えを知っていてさえである。教師は我慢ができず、「真面目にやっていない」と言って彼を叱る毎日だった。

フラストレーションと不安を感じ始め、友人を失うことを恐れたアダムは、クラスのおどけ役になることにした。自分を笑う友人を持つより、一緒に笑う友人を作る方が楽な気がした。アダムは、自分は他のスキルを学ぶ十分な能力があるのに、なぜ言語だけはマスターできないのだろうと不思議でならなかった。

適切な援助がなければアダムの状態はもっと深刻なことになって、完全にギブアップして、クラスの落伍者になるかもしれない。しかし適切なかかわりと教育があれば、アダムの学業は成功に向かうのである。

アダムの状態は、

○低い知能のサインではない。
○怠惰あるいは努力不足の結果ではない。
○病気ではない。
○薬や食事療法、あるいは医療的手当で直せるものではない。
○視覚の問題ではない。

周囲の人々の理解と時間をかけて、アダムのような人々は読み書きのスキルを身につけて安定したら、特別な才能を伸ばしていけるのである。

ある人々は自分の「できなさ」が、ディスレクシアによるものだとまだ気付いていないかもしれない。大学生や大学院生でさえ、学習の困難がディスレクシアによることを知らない場合もよくあることだ。どのような状態がそうであるのかを知っておくことは必要で

ある。ディスレクシアの可能性を示す、初期におけるいくつかの特徴は、
○話すことを学ぶ困難、
○言葉の発音を正しくする困難、
○アイディアを明確に表現する困難、
○聞き取りと指示に従う困難、
○名前や記号やリストされたものを記憶する困難、
等が考えられる。
一年生あるいは二年生になった子供が示す特徴は、
○アルファベットを学ぶ困難、
○順序性を捉えることや文字や数字の形を捉えることの困難、
○一つ一つの文字やつながった文字の発音の困難、
○言葉のつながりを捉えたり記憶したりすることの困難、
○読み、書き、綴りの困難、
等があげられる。
ディスレクシア状態に付随するかもしれない他の特徴として、
○時間内に作業を終わらせることの弱さ、

○鉛筆を握る力の弱さと書き文字の乱れ、
○物事に注意することや作業に集中することの弱さ、
○時間や空間的感覚の弱さ、
○前後・左右の概念把握の弱さ、
○秩序立ての弱さと所有物の保持能力の弱さ、
○計算と数学的思考の弱さ、
○学習の習慣と宿題を完成させることの弱さ、
○想像力や具体性に欠けること、
等がある。これらの徴候に気づいたら、早めに対応を講じることが大切である。

ディスレクシアは脳組織の機能の違いによって起きる。しかし、なぜこれらの違いが起き、その違いがディスレクシアを理解するためにどんな意味を持つのか、まだ答えは出ていない。ディスレクシアの人々はこのコンディションで生まれ、この傾向は家族に流れていくのである。

自分や子供にディスレクシアの疑いがあるとき、どのように対処すべきだろうか。

まず診断は大学や病院の教育クリニック、そして私立の専門機関、または適切な診断をする私立の学校で受けることが望ましい。

診断には、
○身体的検査、
○知能テスト、
○話し言葉と書き言葉の表現と受け取りのテスト、言語発達テスト、
○これまでの学校の成績と家族的背景、
○学力テスト（口頭での読み、綴り、語い、読解、書き文字、作文のテストが含まれるべきである）
等が含まれるべきである。

両親は、適切な個別の教育計画（ＩＥＰ）の推薦状を含む文書による診断書を検査を受けた機関に要求すべきである。レポートは明確で理解できるものがよい。

両親はまた、次のような学校を探すべきである。
○学びの違いへの知識と共鳴を持つ教師のいる学校
○ディスレクシアを持つ生徒の特別なニーズに適うプログラムで、確実に教えることのできる専門家のいる学校等
プログラムのゴールとして、生徒の持つ可能性を十分に引き出すことを目指すべきである。教育内容は「生徒を支えること」「生徒に求めること」の両面が必要である。

適切なプログラムの重要な要素は、
○ディスレクシアの対応に熟練した教師の存在、
○言語スキルと概念の直接的指導ができること、
○複数の器官を同時に使っての教授ができること、
○システムに乗った指導がなされること、
○一貫した環境を備えること、
等があげられる。

改善が見られない場合、プログラムの再評価が必要である。さらに個人のゴールが適切で現実的であるかどうかを見極めることも大切である。

一般に使われている読み、書き、綴り、数学のプログラムは、ディスレクシアの人々には適さない。他の人々と同じようなやり方では言語をマスターすることができないのである。明解で、組織的で、複数の感覚器官を同時に利用する指導がなされるとよい。

読みと綴りの最高のアプローチとして、音声的訓練を含む言語プログラムが適している。文字が音を表現することについて、音が混合されていたり、長い単語には音節があること等を理解する必要がある。

彼らはすぐに忘れるので、指導計画には継続的復習が含まれるべきである。

日本におけるディスレクシアを考察

ここまでディスレクシアのことを書いてきて思うことは、日米でディスレクシア状況に違いがあるとすれば、一文字一音の日本語には英語のような発音の複雑さがないので、日本語圏のディスレクシア人口は、アメリカのそれよりは少ないであろうということである。

しかしディスレクシアは年齢、種族、男女、収入に関係なくすべてのグループに起きるのだから、発音や読み以外の言語スキル（考えたことを文章にするなど）で、日本語圏でもディスレクシア状態の人は存在するはずである。さらに、左右前後の空間的把握に迷う、物忘れが多い、作業が遅い、書き文字がぎくしゃくする等は、どの国でも見られる頻度は同じだと思う。

全米の学校におけるＬＤ人口（二四〇万人）の八五％（二〇四万人）がリーディングや言語スキル問題（ディスレクシア）を持つというから、ＬＤ問題のほとんどは言語問題であると捉えることができる。

ディスレクシア状態が少なければＬＤ人口が少ないのは当然である。それで日本語圏ではディスレクシアはどのように現れるのか等を考えてみたい。

発音の易しさ

日本語は一文字一音で発音するので発音的な難しさはない。例えば「わ（wa）・た（ta）・し（shi）・は（wa）・わ（wa）・ら（ra）・う（u）」というように一つの文字に一つの発音で表現すればよい。しかし英語では「I laugh」と綴り、「I」は【ai（アイ）】、「laugh」は【la:f（ラーフ）】と発音する。「I」は一文字で二音を必要とし、「l」は【el（エル）】と発音するのに、「au」とつながって【la:（ラー）】となる。「gh」は唇をかむようにして【f（フ）】と発音する。「l（エル）」の発音は舌をどこに置き、「gh（フ）」の唇はどんな風にすればよいのかなど、日本語の一文字一音に比べて、英語ははるかに複雑な発音のスキルが要求される。

どのようにして口と喉で音が作られるのか、その音はどのように書くのか、この段階から言語学習の難しさが始まっていくのである。

耳で聞いた音と綴りの関係を正しく把握しないと、人の話を正しく聞き取れない。ディスレクシアの人は単語中の音の識別に問題を持つので、聞いたことを正しく聞き取れないのである。

発音の聞き取りをうまくするためには、段階を踏んで単純な内容から始める指導が行われる。一文字一音の文字、一文字二音の文字、二文字で一音の文字、二重母音、音節などを組織的に教えていき、読み言語スキルの改善や向上に取り組む。このやり方の効果は大きく期待されている。

日本語では五〇音を組み合わせて言葉ができ、その一文字につき一音で発音すればよいので、単語中の音を識別する困難はほとんどない。その発音段階でつまずくとすれば、ディスレクシアというよりも器官の問題（これはＬＤではない）、あるいは知能面での問題等を考える必要がある。

日本語圏でのディスレクシア人口の少なさは（したがってＬＤ人口の少なさは）、まずは、日本語の発音と綴りに複雑さがないことに関係していると考えている。

聞き取りと綴り

ディスレクシア状態の人たちは文字の綴りと筆記に問題を示すことがよくある。

綴ることに問題を持つのは、見て覚えた文字を忘れるだけではなく、音素知覚が弱いことにも関係している。初期の学年で言葉の音をよく聞き取れない子供は、将来綴りを間違えることが予想される。

子供が初期段階で発音を聞いて綴りを作る学習は、単語の中の音節を発見するための優れた方法である。よい音素知覚（音の気づき）が養われたら、文字の組み合わせが正しくできるようになる。よい音素知覚によって正しく並べられた文字を見て、視覚単語学習（目で見て単語を覚える）も順調に進むようになる。

綴りの中に複雑な発音のない日本語では、音を聞き取ることに（音素知覚）困難は少ない。もし困難があれば、再度言うがディスレクシアというよりも器官的な問題か知能面での問題であろう。

日本語の促音や拗音の小さい字を外して書く低学年の児童もいるが、（例、切手・きて、給食・きうしく）聞き取り困難のため高学年や成人になってからも続くようであれば、何らかの対応をする必要がある。これが器官的な問題ではなくて、しかも平均以上の知的レベルで起きる場合は、ディスレクシアを想定することはできるが、高学年になったら漢字を使うので、そのようなケースは余り見られない。

英語を学ぶとき、綴りと発音のかみ合わなさを多くの人が経験していると思う。例えば、businessは「ビジネス」と読むけれど、単語を覚えるとき日本語流の発音「ビジネス」に沿っても正しくは綴れない。またWednesdayも「ウェンズデイ」と声に出して言ったら、必ず間違えて綴りそうである。発音とスペルの合わなさは英語の単語にはいっぱいある。

このように、綴りと発音の難しさが英語圏でのディスレクシアに大きく影響していることがよくわかる。

「音素の聞き取りが弱い」という神経学的問題があったとしても、一文字一音の綴りと発音に複雑さがない言語では、何度も述べることになるが、ディスレクシア状態は起こりにくいはずである。

ディスレクシアを示すサインのうち、

○音の連続、単語の音節などの音の気づきの困難、
○単語の読みとりが困難、
○単語の書き取りが困難、
○単語の文字のつながりを把握する力が弱い（sign-signの取り違え）、

等は、日本語のひらがな表記ではほとんどないと考える。

しかし以下のことは日本語圏でも見られる。

○考えたことを文章にすることが困難、
○話し言葉の手間取り、

○聞いたことを言葉にして説明することの不正確さ、
○考えたことを口述表現することが困難、
○読解力の不十分さ、
○文字を書く困難、
○計算や数学的思考の困難、
等である。

しかし日本語圏におけるそのような状態が神経学的なディスレクシアによるものか、勉強不足や他の理由によるものかを判断することはたやすくない。過去何年も、小中学校の不登校者数は一〇万人を超えている。そして授業についていけない児童・生徒は数知れないであろう現在の日本の学校事情にあって、上記の徴候があるからといってすぐにディスレクシア（ＬＤ）判定を下すことはできない。

その判定をするときは、年齢に不相応な以下の状況も調べる必要がある。
○左―右、上―下、昨日―今日など方向や時間の把握の「できなさ」、
○左手右手の把握の「できなさ」、
○書き文字の「できなさ」、
○数学用語や段階的連続性の把握の「できなさ」、

等、平均以上の知能レベルがあるのにこのような状況が高学年になっても続く場合、そして「読みや言語スキル」に問題があれば、ディスレクシア（ＬＤ）としての対応が必要になるだろう。

日本語におけるディスグラフィア

日本語でディスグラフィアと聞いて思い浮かぶ状態は、小学一年生が鏡文字を書くことである。鏡に映したように左右がひっくり返った文字を友人が書いていた、自分がそうであった等は多くの人が経験していると思う。しかし、二年生になると鏡文字は減っていき、三年生ではほとんど見られなくなる。

知能レベルが平均以上なのに、高学年や成人になっても鏡文字を書き続ける場合、ディスグラフィア（ＬＤ）と判断してよいだろう。私は教師時代に高学年を過ぎても鏡文字を書く生徒に出会ったことがない。三〇年以上教師をしている友人も鏡文字が高学年になっても続く人はいなかったと言っていた。

しかし、ディスグラフィアの鏡文字は明らかに判断できるが、読みにくい文字、不規則で調和しない文字、非常に小さい文字、読みやすいけれど書き方が非常にゆっくりしている等のディスグラフィア状態は、それが神経学的なものなのか、性格的なものなのかを判断することは難しい。この判断には先にも述べたように、空間的な把握ができにくい、上下、左右の混乱がある等を調べる必要がある。

ディスレクシアの基礎的な要素を確認しながら、日本のＬＤ人口はアメリカのＬＤ人口のように多くはないという考察をした。しかしＬＤ人口は比較して少なくとも、その他の状態やそこから生じる心理的な状況などは、どの言語圏にあっても同じ様相で顕れるはずである。したがって、言語そのものに関する問題以外は、アメリカのＬＤ教育に学ぶことは多い。

学びの違いを学習に生かす

ディスレクシアの人たちが自分にあった学び方を見つけたとき、学業は望ましい方向に向かう。学業の遅れは努力不足などではなく、「どのように学べばよいか」「自分に適した学び方は何か」等を知らないことが影響している。

学業で成功する生徒は、目前の教材をどのように学べばよいかを知っている。彼らは効果的な学習方法を把握し、学ぶチャンスを生かし、さらなる成功へと歩を進めていくのである。

ディスレクシアの人々は基礎的な場面でつまずく。それらは、

○単語を発音するとき、
○ゆっくりと本を読むとき、
○文字を綴るとき、
○文章で考えを表現するとき、

である。このような基礎的な場面で滞ると、すでに知っている情報をうまく使うことができなくなる。教師たちは、わかっているのに表現できないことに対しさらに大きな努力を要求するので、彼らのフラストレーションは溜まっていく。そして長時間をかけて学習に取り組むのだが、往々にしてその努力は成績に反映されずに過ぎていく。

一方、優れた読み書きをする人たちが難しいと感じているかもしれない事柄に、ディスレクシアの人々が極端に優れた能力を示すことがある。数学、芸術、音楽、運動、あるいは俳優として有能であったり、優れたコンピューターよりも優れていたりする。ディスレクシア状態の「できなさ」があったとしても、自ら学ぶことを求め、自分には優れた点があることに自信をもつことが大切である。

学習するときは、いろいろな方法を考えることが肝心である。

新情報を学ぶ計画を立てたら、すでに習ったことの復習からスタートするとよいだろう。学ぼうとする内容を既知のことに結びつけることは、学習効果を高める。さらに自分の知らない事柄を確認し、学ぶためのさらなる計画を立てて、一歩一歩着実に進むとよい。

学習の時間と空間

学習に成功する二つの要因として、時間の管理と学習空間の設定が考えられる。

はじめに時間について考察してみる。
一日、二四時間には学習する時間も含めて、自分がしたいことをする十分な時間がある。その時間をどのように使うかを考えることが肝心である。ディスレクシアの人たちには読み書きの学習時間がかなり必要であるが、その時間を確保するために、一日の時間の使い方を考えてみる。
時間をコントロールするために、一日の計画表を用意することには価値がある。
まず、一週間で使える一六八時間を各活動に分配してみよう。
睡眠……約五六時間
食事……約一〇時間
風呂、その他……約五時間
友達との交友……約一〇～一五時間
学校の時間……約三五時間
家庭学習の時間……約五〇時間
このうち、家庭学習の五〇時間を宿題や長期のレポート作業やテスト勉強、さらに自分の困難な分野の学習時間に分配するとよい。
以上のような内容で一覧表を作ると時間をコントロールでき、日々の学習が無駄なく、効果的にできるのではないだろうか。

学習空間について注意することは、学習場所から学習を阻むもの（テレビ、電話、音のするもの、ポスター等）を除くことが大切である。学習に適した環境とは、明るい電気、心地よい椅子、教材がきちんと置かれていることなどである。さらに用紙、色鉛筆、鉛筆削り、ペン、マーカー、定規、計算器、辞書、スペル・エイド、計画表、そして可能ならばコンピューター等も備えるとよい。

効果的な学習

学ぶ主題が分かっているとき、すでに知っていることや体験したことについて考え、これから学ぼうとしている新しい内容につなげていくと学習が効果的になる。

たとえば、科学の時間にイルカについて学んでいるとき、水族館を訪問して直に観察したり、映画を見たり、すでに読んだ本を思い出したりすることは、学習を成功させるものである。

他によい方法は、自分自身に「学ぶ内容に関連することで何を知っているか」を聞くことである。次に「それは自分が学びたいことであるか」を自問する。さらに自分が答えたい特殊な質問を考えるとよい。自分自身に質問することによって積極的に読み、聞き、経験し、創造しながら適切な答えを見つけることができる。自分で学んだ後、あるいは教師が何か新しいことを教えてくれた後、自分に「新しく得た知識は何か」をたずねることも大切である。さらに学んだアイディアや技術を絵にしたり、書き下ろしたり、他の人に話したりすることも身に付く方法である。

アメリカの心理学者エルドン・エコールの研究によると、人が知識を留める割合は次のようであるという。

○読んだときは、知識が一〇%留まる。
○聞いたときは、知識が二〇%留まる。
○見たときは、知識が三〇%留まる。
○見て聞いたときは、知識が五〇%留まる。
○話したときは、知識が七〇%留まる。
○話して実行したときは、知識が九〇%留まる。

これによると、学んだ内容を他人に話すと学習効果が大きいことがよくわかる。

新情報の繰り返しと暗唱も、脳に事実を蓄えることに役立つ。ある情報は機械的記憶で学ばねばならない。かけ算九九の表を学ぶときがよい例である。しかしもっと複雑で再組織が必要な情報もある。

複雑な情報を分類することによってわかりやすくまとめることができる。例えば脊髄があり、暖かい血が流れ、毛があり、幼いときはミルクで育つなどの特徴をもつかどうかを考えることで、ある生物が哺乳動物かどうかを見定めることができ、記憶にも残る。

音やリズムに乗ることも脳の記憶を高める。実際、クラッシック音楽を聞くことで集中できるなど、自分にあった学びの環境を創ることによって学習は高まるものである。

異なった学び方をする人たちは、自分の特殊な状態の脳を生かすことによって、最高の成績を成就することができる。コンピューター・ラボで、スクールバンドで、スポーツ・スタジアムで、水泳プールで、音楽スタジオで、等々、自分は何かで優れていることを知り自信を持ち、教室で成功するために脳力を活用し、学習戦術をフルに使うことが肝心である。

成功をもたらす方法として次のようなことも考えられる。

○学んでいる事柄に意味づけをする、関連性を見つける、
○メンタル・イメージを使う、
○学ぶ内容を大声で言う、繰り返す、
○内容を書く、描く、再度書く、
○内容をボディ・ランゲージで表現する、

等の方法を使って、学習効果を高めることができる。
次のようなことも必要である。
○肯定的に考える、
○注意散漫を調整する、
○学習のセッションを分配する、
○関係するスキルと考え方を確認する、
○自分の記憶テクニックを適用する、
○スピードと正確さを増すために何度も学ぶ、
といったプラスの学ぶ姿勢は、どのような場合も学習を成功させるものである。ディスレクシア状態があるならば、「人より多く読め、書け、話せ、聞け、応用せよ」と、国際ディスレクシア協会の広報に記されている。成功している人たちは、見えないところで、人より多くの努力をしているものである。

ＬＤ専門家シルバー博士の見解

ＬＤのスペシャリストであるラリー・シルバー博士は、アメリカの首都ワシントンで、児童や思春期の子供達の治療に当たっている精神科医である。さらにジョージタウン大学医学センターの精神科やアメリカＬＤ学会、その他の研究組織においても活躍している。特に三〇年以上に渡り、神経学的な基盤を持つ症状「ＬＤ（知的には平均かそれ以上であるが、部分的に学びの〈できなさ〉がある状態）やＡＤＨＤ（注意欠陥と衝動性と多動性がある状態）、ＡＤＤ（注意欠陥と衝動性があり多動性がない状態）、感覚統合機能不全、言語不全等」について、心理学的、社会学的、医学的、家族関係的なリサーチや臨床や指導に貢献している。

シルバー博士がＬＤ状態で悩む多くの人々の質問に答えている中から、いくつかを紹介したい。

LDとADD／ADHDの違い

ある小学校の教師の、「LDとADD／ADHDの違い」についての質問に対し、シルバー博士は自分の見解を次のように述べている。

LDは、頭部皮質内の神経配線が一般とは異なっていて、その結果、一般的な方法での伝達処理では問題が生じる状態である。それが起きている脳内のエリアによって、その問題が言語にあったり、運動技能にあったり、算数のスキルであったり、組織化（整理）であったり、実行する能力であったり、機能的に高いレベルの作業であったりする。一般的な一斉授業による教え方では、LDの人たちの「学び」はうまくいかない。しかし、特別教育による適切な指導によって、彼らは自分にあった学び方を体得して学んでいけるのである。

一方、ADD／ADHDは脳内の神経伝達物質の不足によって起きる状態である。この不足は多動性、気の散り安さ、衝動性などを結果として招くことになる。これらの行為は学習の妨げとなる。座っていられなかったり、集中できなかったり、考えることなしに答えたりして学ぶことがうまくいかない。けれども、ADD／ADHD状態の人の学ぶ能力それ自体に問題があるのではない。学ぶ力は十分に備わっている。

LDは神経学的なプロセスに基盤のある「学びそれ自体の問題」、ADD／ADHDは

「学びの準備性の問題」として捉えることができる。ＬＤとＡＤＤ／ＡＤＨＤは異なる原因によって起きる状態で、異なる方法でアプローチしなければならない。

しかし、ＬＤにもＡＤＨＤにも当てはまる組織化（整理）する能力や遂行する機能等の問題がある。これらの問題は、手順や処理のプロセスの不全によってＬＤ状態でも起きるわけで、この場合のベストなかかわりはコーチ（指導）することである。

組織化や遂行の問題がＡＤＤ／ＡＤＨＤの衝動性や注意散漫な結果によることもある。その状態の人々は、聴覚や視覚、または内面から起きる気の散り安さがあって、長時間集中的に学習に取り組めない。この場合のベストな対応は薬物療法である。そして、ＬＤとＡＤＤ／ＡＤＨＤの両方を持つ人は、コーチングと薬物療法が必要となる。

「薬ではなく食物によって治療はできないものか」と質問する人に対し、シルバー博士の見解は次のようであった。

ＡＤＤ／ＡＤＨＤに効果があったという栄養学上のアプローチを提示できたらよいが、それはできない。それが成功したことを示すリサーチはまだないのである。ＡＤＨＤとは何か、いかに対処したらよいか、薬物療法の効果はどうか等をもっと学ぶことが大切である。

早期の徴候を見逃さない

六歳の子供を受け持つある教師が懸念したことは、その子供が自分が何を学習しているのかを理解するのに手こずる、周囲の者が冗談を言っても理解しない、始めと終わりが混同する、例えば、文字の「cat」が「tac」になり、パズルを解くことが困難といった状態である。この教師は、この子供の状態を心配すべきかどうかと悩んでいた。

シルバー博士は次のように答えている。

その子供の中で何かが正しく機能していないと思う。学校のスペシャル・サービス・チームと討議する必要がある。学校所属の心理学者とLDスペシャリストに観察をするように依頼して見解をもらうこと。そして、その子供が必要とするサービスを得るまで、懸念したことへの対応をあきらめないことである。

LDとADHDの混同

小学一年生で六歳の息子を持つ親が次のように質問。IQテストでは非常に高いギフテッド（成績優秀児）レベルだったが、注意力に問題がある。そわそわしたり、指示に従わなかったり、すぐに気が散ったり、破壊的になったり、性急になったりする。学校ではこのような子供に対しLD教育がサービスされるはずなのに、学校ではそれを与えようとしない。どうすべきか？

シルバー博士は次のように応答している。

この質問に述べられている子供の状態はＬＤではない。学習に影響している神経学的なプロセスの問題は記述されていないが、ＡＤＤの様相が描かれている。ＡＤＤ／ＡＤＨＤは治療されなければならない。彼の注意散漫性や衝動性が正されるならば「学ぶ姿勢」が整うであろう。学校はＬＤのプログラムに彼を入れないはずである。なぜなら、学校のスタッフは彼がＬＤであるとは思っていないからだ。ＡＤＤ／ＡＤＨＤはＬＤではない。治療法もＬＤへの対応とはまったく違うのである。

何がＬＤで何がＡＤＤ／ＡＤＨＤであるのか、混乱している人々がいるのは事実で、それらが二つのまったく異なったものであることを明らかに提示することは必要である。まず、ＬＤの子供たちに対しては特別な教育をすること、一方、ＡＤＤ／ＡＤＨＤの子らには薬物療法をすることが必要である。薬物療法はＬＤの子らには何の意味ももたない。

どの診断名が適切か

持続的に学習に問題がある娘に「ＡＤＨＤ、ディスレクシア、聴覚プロセス困難」等の診断名がついている。読むことは上手だが、スペルの間違いと話し言葉の理解に問題がある。この娘に関して、どの診断名がより適切であるか知りたいという親の質問に対し、シルバー博士は以下のように答えている。

神経学的な学びの問題をもつ人たちに使われていたラベル（呼び方）は、科学の発達や人間の思考の変遷とともに長年の間に変化してきた。現在、そういった人たちに使われていた用語を一括してLDと名付けている。「ディスレクシア」は、言語問題を基盤とするLDの人たちのことを呼ぶために使われているが、現時点では公的な用語ではない。「聴覚プロセス困難」という言葉は、聞いたことが理解されるまでの過程に問題がある状態である。それらはLDの一つのタイプと捉えてよい。しかし、ADHDはLDではない。LDとは異なる状態であり、異なる神経学的な基盤を持つ問題で、LDへの対応とは異なる治療がなされる。その娘をテストした専門家に会うことをすすめたい。そして用語について理解できるような説明を求めなさい。最も重要なことは子供にとって必要なことは何かを知ることである。

LDは神経学的な基盤をもつもので、脳の皮質のある部分の神経配線が一般とは異なっていることによって起きる。その結果、情報が進行する過程が一般とは異なるのである。それが起きている脳の部分によって、聞き取りがうまくいかなかったり、視覚により情報を得ることが困難であったり、得た情報を使用することが困難であったり、もしくは情報の記憶の困難や、情報を記憶から呼び戻すことが困難になったりするのである。それで、読み書き算数のスキルをマスターすること等に問題が生じる。

ＡＤＤ／ＡＤＨＤもまた神経学的な基盤をもつものであるが、脳内のある分野で少なくなった神経伝達物質が原因して生じるのである。少なくなったレベルでは神経細胞は効果的な伝達をすることができない。それに影響された細胞のグループによって、多動になったり、注意散漫になったり、衝動的になったりして学ぶための準備性を欠いていくことになるのである。

ＬＤの人は、一斉授業などの一般的な教授では学びがうまくいかない人、ＡＤＤ／ＡＤＨＤの人は、学ぶための準備が整っていない人である。

ＬＤとＡＤＤ／ＡＤＨＤの両方をもつ人は、「学ぶ方法」と「学びの準備性」の両方に問題をもつ人ということになる。

子供の状態を確実に把握することによって適切な対応策を得ることができる。そういった意味で正確な診断名は必要である。

エピローグ

ディスレクシアに負けなかったスーザン・レイラとジェイムス・バウアーの存在は、私の心に深く残った。

平和団体による青年平和文化祭のキック・オフ・ミーティングが、二〇〇一年六月一〇日にＵＳＣ（南カリフォルニア大学）で行われた。「平和」と題するドキュメントを作っていたスーザンは、デジタルカメラをもって勇んで駆けつけた。私もスーザンの勢いにつられてついて行った。

九月一五日に行われる予定だった平和文化祭（ニューヨークの九・一一テロ事件があって中止になったが）についてのさまざまな準備態勢や目的、内容などについての話し合いだった。青年リーダーたちが舞台に上がって説明する間（約二時間）、スーザンは途中、立ち上がってどこかへ行った。いつまでも席に戻らず、ふと通路を見ると、壁にもたれて舞台の人の話を聞いていた。このとき思ったのだが、これはスーザンが自分で言うＡＤＤ状態の一端で、一つの席にじっとしていることの辛さがあったのかもしれない。自分でそれをコントロールするために、通路を一周して席の近くの壁際で立って聞いていたのだと推察した。

ミーティングが終わるとスーザンは忙しい。自分の知っている顔を見つけては挨拶し言葉を交わす。人々が散った後、USCのキャンパスを散策する間も優雅に歩くだけではなく、古木の根の周辺に出ている伸びた木の芽を採集して歩く。育てて木にするのだという。一日スーザンと過ごして、私は一週間分のエネルギーを使ったような気がした。彼女の動きに合わせるだけで疲労困憊という感じだった。

スーザンはその前日も、ハリウッド大通りでの市民平和行進に参加して、その活動にも相当なエネルギーを使っているはずなのに、疲労の様子は少しも見えなかった。これがマックの言う、ADDやADHDの人のエネルギーなんだと改めて認識した。そのエネルギーをコントロールして、的確に使うことができれば社会に貢献できるということについて、スーザンを見て大いに納得できた。

ADDやADHD状態には、不安や恐れや怒りなどの感情を起こさないですむような環境が大切である。両親や周囲の人の暖かい心が彼らに安定をもたらす。愛情を感じた心はADDやADHD状態をコントロールしていけるようになる。不安定でそわそわ、いらいらした心はADDやADHDの要因を悪化させる。そうなると薬物療法が必要な方向へ進むかもしれない。落ち着きがないと思われる子には服薬の前に、抱きしめたり、話を聞いたりして、愛情と安定を感じさせることが先決である。

スーザンも父親から暴力を振るわれたとき、ADD状態がひどくなったと言っていた。しかし、彼女は父親を慕っていた。そして、父母の離婚後五年間会っていなかったその父親に、最近サンフランシスコで再会できた。スーザンは言う。自分の遺伝子の源である人に感謝していると。会ったとき、暴力があったことの憎しみなどなく、ただ父への愛の感情があったと言う。

LDとはどんな状態であるか、誰もが理解できるものを書くとして、合わせる焦点はどこかと考えていた矢先、「自分はディスレクシアで若干ADDなんだ」と、スーザンが言った。そのとき「そうだ、LDの多くがディスレクシア状態なんだから、そこに焦点を合わせればLD像が明確になり、曖昧模糊としたLD把握は避けられるに違いない」と瞬間的に思った。そしてスーザンが貸してくれたエッラインの小冊子が、ディスレクシアについて書く決め手になった。この小冊子は、人々がディスレクシア（LD）を理解するための最適の書だと読みながら感じた。それから他の資料も集めた。

ジェイムス・バウアーは技術学校までいくが、自分がディスレクシアとは知らず、読みの「できなさ」に苦しみ辛い学生生活を送る。文字の発音が分からないのでどう読めばよいか分からず困惑する。このことでジェイムスは自分をステューピッド（愚か者）だと思っていく。しかし読みの教育を受けた後、知的に高い彼は鋭い感覚と巧みな表現で自叙伝を仕上げた。

ジェイムスが「読み、書き、綴り」指導をする優秀な先生に会えてほんとに良かったと思う。

ジェイムスの感性は様々な場面で様々な形を取る。小学校時代に読めないことで担任に「なぜできないの」と怒鳴られたとき、涙が頬を伝わりくやしさでいっぱいになる。高校で優しい教師に出会ったとき、他の教師もこのようであったら自分はもっと力を出せるのにと思ったりする。自分の「できなさ」を隠して自分を守る方法も考える。初めてのデート後、二度と会ってくれない彼女だったけれど、デートのできた自分に満足する。ギターの練習を続けて就職先がない間、ナイトクラブなどでギター演奏のアルバイトをして切り抜けたこともある。

読み指導の先生に会って、これが成功するかしないかは疑問だけれど、一生読めない惨めな自分を思うとき、この先生の指導にかける決心をする。そして読めるようになって、大学院に進みＬＤについての研究をし、二冊目の著作を始める。ディスレクシアの奥に秘めた感性と知性と行動力が、彼に成功をもたらした。

ジェイムス・バウアーは、自分の読みの「できなさ」に悩みもがきながら自己と闘い、学業を続けた。そして大学院での研究テーマがLDの人々のセルフ・コンセプト（自己概念）に関するものであることに私は共感を覚えた。私も大学院では「セルフ・コンセプトと学習の関係」をテーマにリサーチしたのである。

肯定的なセルフ・コンセプトをもつ人は、困難に負けず成功へと歩みをすすめることができる。逆に自分はだめだというような、否定的なセルフ・コンセプトの人は落ち込んでいく。このことは多くの研究者が実証している。

ディスレクシア（LD）状態があっても、ポジティブなセルフ・コンセプトを持って生きることが大切である。マックもスーザンもジェイムスも、エジソンも、アンデルセンも、チャーチルも、ここで取り上げた人たちはみんな、前向きに生きて、ディスレクシア（LD）には負けなかった。

二〇〇三年七月二八日付の『タイム・マガジン』の表紙をディスレクシアの子供が飾り、特集記事が掲載された。その中で世界的に有名な人々が次のように紹介されていた。

発明家トーマス・エジソンは、四歳までしゃべることができなかった。『トップ・ガン』で一躍有名になったアメリカの俳優、トム・クルーズは、この映画に出たときでさえ、読み能力に欠ける状態だった。推理作家のアガサ・クリスティーは、単語の読みにもがいたけれど、ほぼ一〇〇冊の本を執筆し、二〇億ドルを売り上げて「事件簿」の女王となった。ウォルト・ディズニーにも読み困難があったけれど、テクニカラー（カラー映画製作方式の一つ）の構想を固い決意とともに実現させた。アメリカの俳優のウーピー・ゴールドバーグは高校を落第した。しかし、彼女にはオスカー・ゴールド（アカデミー賞）を受賞する才能があった（『ゴースト・ニューヨークの幻』という作品で助演女優賞）。

そして『タイム・マガジン』は次のように彼らを評している。「ディスレクシア状態は、これらの人々が偉大なことを成し遂げるための支障にはならなかったばかりか、彼らの独創性をかき立てる燃料であったかもしれないのである。」

このように、自分の持つ強い面を生かし、自分にあった学びの形を見つけ、ディスレクシア（LD）状態に打ち勝った人々が紹介された。そしてディスレクシア（LD）に負けないために、ポジティブな自分像をもつことが成功の因となるということを教えてくれている。

他にも多くの例がある。

一九七六年のオリンピック一〇種競技でチャンピオンになったブルース・ジェーンにもLD状態があった。学校時代はスローな読み手で、文字が混乱して見えることに悩み、

「愚鈍」な自分を感じていた。しかし、オリンピックでメダルを獲得した後では、スポーツ・キャスターや俳優として大活躍した。

アメリカの二八代大統領だったウッドロー・ウィルソンは、八歳までアルファベットを学ぶことができず、一一歳まで読むことができなかったという。学校では口頭による応答のみが良くできたそうだ。しかし第一次大戦後、彼は国際連盟の設立を提案し、そのアイディアは現在、国際連合へと受けつがれている。湧き上がる独創力は言語スキルの弱点を凌駕した。

野球のスーパー・ヒーローであったベーブ・ルースの学校時代は、LD状態のため学習についていくのがやっとだった。しかし野球をしているときは、まるで水を得た魚のように生き生きとボールを手玉に取っていたそうである。

世界的に有名なアメリカの歌手で女優のシェールもLDだったという。カリフォルニア州出身で、「ソニー・エンド・シェール」としてデビューし、数々のヒット曲を生んだ。グループ解散後、一九八五年に『マスク』でカンヌ映画祭主演女優賞を得、八七年に『月の輝く夜に』でアカデミー主演女優賞に選ばれた。

シェールは学校時代、多くの問題を抱えていた。その中でも大きな悩みは単語のスペリングにあった。正しく綴れないのである。成功して有名になった今日でさえ、何らかの問題をもつ。例えば、七文字の電話番号を覚えることに困難があり、電話をかける前に紙に書いてそれを見てダイアルするそうだ。

これらの人々の学校時代に特別な教育はなかった。しかし現在アメリカでは、ＬＤ状態には特別教育が施行され、改善のための指導がなされている。ＬＤの多くを占めるディスレクシア状態には、どのような手だてがなされているのかを見学するために、国際ディスレクシア協会のロスアンジェルス支部を訪ねた。毎週月曜日から木曜日まで、午後七時から九時まで指導が行われている。指導者は元教師のソリス先生で、ディスレクシアの研究者、オートン博士とギリンガム博士が考案した視覚・聴覚・触覚を同時に使うマルティ・センソリー・アプローチによる教材が使われていた。その日の六人の受講者はロスアンジェルス郡の広い地域から集まっていた。この教育をする場所が、ロスアンジェルスではこだけなので、二時間もフリーウェイに乗って来る人もいるそうである。

ビデオ・シリーズにまとめられた教材を私も受講者と一緒に学んだ。そのとき行われていた授業は、「ラビット単語」と呼ばれている単語の発音の練習だった。つまり、母音と子音、同じ子音と母音が連なっている単語の読み方である。例えば、rabbit の abbi の上にＶＣ／ＣＶ（母音子音／子音母音）と書き、ｂとｂの間に縦線を引き、はじめのｂ音は発音

VC|CV
răb|b̸ĭt

するが次のｂ音は発音しないので斜線で消す。さらにはじめのｂの前の文字ａと次のｂの後の文字ｉにアクセントが付くことを記す。その作業をしながら「ラビット」と発音し、この単語の読みを学んでいくのである。他にfossil, fennel, mallet, goddess, mammal, palletなども同じ作業をしながら発音を練習していった。聞いて（聴覚）、見て（視覚）、唇の動き、大きさ、舌の動きを確かめて（触覚）、複数の感覚器官を利用して学んでいた。

次はビデオに出てくるモデル教師の発音を聞いて、スペルを書き続ける。例えば、trumにpetを続けて、ＶＣ／ＣＶの文字「trumpet」を綴っていく。他には、velvet, talcum, magnet, optic, campus, mascot, contactなどの発音を聞いて、音を基に綴っていく練習があった。

このような基礎言語スキルを初等教育の一斉授業では学べず、大人になった現在でも苦労しているという受講者の話を聞くと、英語圏のＬＤ教育は進展せざるを得なかったと納得する。しかし日本語圏にあって、平均的な知的水準で、普通に社会人として働く人が単語を読めないということはまず考えられない。漢字は別として平仮名は一語一音であるから、五〇音で学んだ音と単語に使われている音は同じである。「は」を「Wa」、「へ」を「e」と読む例外的発音も、一度習って小学校時代に覚えられないなら、それはＬＤではない。それは他の障害によるものである。

全米のＬＤの多くは言語に関する問題であるが、日本にアメリカのような基礎言語の問題がないならば、日本にアメリカのようなＬＤ人口を見積もることはできない。ある大学教授の「日本の子供たちの基礎学力は世界でもトップレベルである」という講義を聞いたことがある。それも基礎言語の学びに問題が少ないからではないだろうか。したがって日本におけるＬＤ教育対策は、英語圏のそれとは違ってきて当然である。

私は、ＬＤ状態に対しポジティブに構える精神を養うことがＬＤ教育の要だと思う。ディスレクシア（ＬＤ）状態をどう捉えるかによって、人生の勝者にも敗者にもなる。弱い状態に指導の手をさしのべることは大切である。しかし、弱い部分を強調するのではなく、その人をまるごと受け入れる心理的な関わり、強い面を生かして高いセルフ・コンセプトに導いていく関わりが最も大切だと思う。

一方、言語に関係しないＡＤＤ／ＡＤＨＤ状態の人口は、日本人も人類共通の見積もりで適っているはずである。シルバー博士は、薬物療法をＡＤＤやＡＤＨＤの治療に最優先させている。薬物療法について、カリフォルニア州立ノースリッジ大学のジヴィ博士に質問したことがある。そのときジヴィ博士は「それは治療の一つの方法であってすべてではない。他の方法としては行動修正がある」という応答があった。つまり、薬物療法オンリーである必要はないという印象であった。

さらに、ジヴィ博士は「ＡＤＤ／ＡＤＨＤと診断された人のうち二五％～八〇％の人はＬＤにも関係するが、その逆は同じようには言えない。つまり、ＬＤと判定されたほとんどの学生はＡＤＤ／ＡＤＨＤ状態はない」と言われた。それはつまり、最後に判定されるのがＬＤだからである。例えば、知的障害や肢体不自由や視覚聴覚障害などの生徒や学生にＬＤ状態があった場合、ＬＤとは判定されない。はじめに、前者のそれぞれの状態の判定があって教育計画がなされる。ＡＤＤ／ＡＤＨＤにＬＤ状態があったときも同じく、ＡＤＤ／ＡＤＨＤがはじめに判定される。従ってジヴィ博士が言うように、ＬＤと判定されたほとんどの場合、ＡＤＤ／ＡＤＨＤ状態はないのである。

知的に境界線レベルの生徒もＬＤ分野に入れるというアイディアがあるけれど、これは分けるべきだと私は思う。境界線レベルの人は、適切な教育で社会生活の成功者になれる。彼らへの適切な教育とＬＤの人への適切な教育は同じではない。知的に境界線レベルでＬＤ状態がある場合、ＬＤではなく、初めに知的境界線の判定をすべきである。適切な教育援助をすることが、差別なき教育を行うことだと思う。

ジヴィ博士は付け加えて、ノースリッジ大学の二四〇〇人の学生中、四〇〇人がＬＤの診断を受けていると言われた。現在彼らには適切な教育援助が行われている。

おわりに

ディスレクシア状態をわかりやすく伝えるには、その実際を書くことだと考え、ディスレクシアについて書かれたものを探し、その著者たちに引用の許可を求めた。そして、あらすじや要約などを使ってよいという返事をいただいて、これを書くことができた。

日本では二〇〇三年に、従来の「特殊教育」を「特別支援教育」という体制にして、そこに「LD・ADD／ADHD教育」も含めるという方向が示されたが、LD教育実施の際には本書が大いに役立つだろうと考える次第である。

LD教育を行うにあたって大切なことはLDの判定である。それは慎重になされるべきである。私が前著『LDラベルを貼らないで！』というタイトルをつけた理由は、学校でうまくいかない子供すべてに「LD」というラベルを付けて呼ぶようになるかもしれない趨勢を感じて、それは止めようと言いたかったからである。

この書の中で、重複して述べている箇所があるけれど、確認の意味であえてそのままとした。

最後に次の方々に感謝の気持ちを伝えたい。

著書の内容の紹介を許してくださったサンディー・エツライン、ジェイムス・バウアー、その出版社の代表ダン・ソレンソン、『The Mind's Eye』の出版社プロメセウス・ブック、資料の利用を認めてくださった国際ディスレクシア協会、そして資料を提供してくださった友人のスーザン・レイラ、スペシャル・デイ・クラスで学んだ太郎君、自身のLD見解の利用を許可してくださったジョージタウン大学のラリー・シルバー博士、さらにLDについての学問的見解を教授してくださったカリフォルニア州立ノースリッジ大学のジェニファー・ジヴィ博士、クラス見学を許してくださった国際ディスレクシア協会LA支部のアート・ソリス先生、以上の方々の協力なくしてこの著書の実現はなかった。心から感謝する次第である。

二〇〇五年六月

玉永公子

参考文献

アンデルセン『世界偉人自伝全集』八、鈴木徹郎訳、小峰書店、一九七九

ヘレンケラー『世界偉人自伝全集』七、丹野節子訳、小峰書店、一九八一

『アインシュタイン伝』、新潮選書、矢野健太郎、新潮社、一九六八

『現代外国人名録』、大高利夫発行、日本アソシエーツ株式会社、一九九二

Sandi Ezrine, *A Primer on Dyslexia*, Copyright Sandi Ezrine, 1979.

James J. Bauer, *The Runaway Learning Machine: Growing up Dyslexic*, Educational Media Corporation, 1992.

Just The Fact: Fact Sheet, The International Dyslexia Association, 1998~2000.

Perspective, Vol. 24, No. 4, Fall, The International Dyslexia Association, 1988.

Angela Wilkins, *Basic Facts about Dyslexia*, The International Dyslexia Association, 1998.

Michael Ryan, *The Other Sixteen Hours*, The International Dyslexia Association, 1997.

Nancy Hennessy, *Kids Learn Differently*, The International Dyslexia Association, 1993.

Thomas West, *In the Mind's Eye*, Prometheus Books, 1997.

David A. Adler, *The Thomas Alva Edison: Great Inventor*, Holiday House, Inc., 1990.

Holly Parzych, *Why Are You Calling Me LD*, PCI Educational Publishing.1997.

Christine Gorman, *The New Science of Dyslexia,* TIME, pp. 52-55, July 28, 2003.

Larry Silver, *Ask Dr. Silver,* Topic: Diagnosis and Treatment, Cited Message : 2#, 3#, 4#, 5#, 6#, 8#, 9#, <www.LDOnLine> 2003.

玉永公子（たまなが・きみこ）
教育・心理カウンセラー。大分大学教育学部卒業。南カリフォルニア大学修士号取得（特殊教育学専攻）、同大学博士号取得（教育心理学専攻）。国際ディスレクシア協会会員。著書に『ＬＤラベルを貼らないで！』（論創社）。

ディスレクシアの素顔――ＬＤ状態は改善できる

2005年8月20日　初版第1刷印刷
2005年8月30日　初版第1刷発行

著者　玉永公子
装訂　栗原裕孝
発行者　森下紀夫
発行所　論創社
東京都千代田区神田神保町 2-23　北井ビル
tel. 03（3264）5254　fax. 03（3264）5232
振替口座 00160-1-155266

印刷・製本　中央精版印刷

ISBN4-8460-0504-6